「考えるスキル」を武器にする

思考力變現

3步驟 × 4圖表 × 10技巧，
日本電通行銷大師教你將想法轉為戰鬥力，
行銷管理、創業者必讀聖經

作者──筧將英　　譯者──李友君

前言

── 一 所有工作都需要「思考」

「你可以在明天的磋商會談中提供一些點子嗎？」

各位曾經遇過別人對你這樣說嗎？

許多人應該會回答「遇過」。每天的工作當中就是需要這樣大量的「思考」。現在這個瞬間，世界上想必也有幾百萬、幾千萬人「必須在明天以前想出些什麼來」。

商務的領域中，說到以「思考」為專業的工作，相信大家第一個想到的就是顧問吧。他們運用過人的思考能力量產「思考」，主要針對企業或經營者進行深度分析或提出經營策略。另外，倘若去書店的商管書專區，就會看到櫃上陳列許多講解「顧問思考法」的書籍。

話雖如此，但「思考」工作並非像顧問一樣，只限部分人士從事。

反倒是日常生活中所有的工作都需要「思考」。民間企業也好，公家機關也好，大企業也好，中小企業也好，新創企

業也好，個人商店也好，自由工作者之類的個人也好，都是一樣的。

我在社會打滾十五年來，知道世上許多人不懂「思考」，或是覺得「思考」很棘手。

「喜歡『思考』且想要精益求精」的人非常罕見，相形之下，「不擅或討厭『思考』，卻必須為了工作而思考」的人則遠多於此。

就因為世上許多人不擅或討厭「思考」，像我這樣的策略規劃師和顧問，以及其他以「思考」為專業的職種／職業才會存在。

話雖如此，但若問我自己思考時會不會運用高度的思考能力，答案則並非如此。

其實我思考的時間多半用在「整理」上。梳理現在發生的所有現象，根據某些目的加以整理，再稍微考察。光是這樣就足以構成思考工作了。

說得更白一點，我堅信只要掌握一點訣竅，反覆練習多次，任何人都可以將「思考」當成「工具」活用，推動工作進行。

大部分的人都是出社會後
才開始學習「思考」

拿起本書的你應該是「想要擅於思考」或「不想不擅思考」。儘管如此，人生當中卻少有機會能夠受到指點，學會怎麼「思考」。

「思考」是出社會後人人都需要的必備技能，然而大多數學校並不會傳授「思考的方法」。

國中和高中的訓練是以推導問題的解答為中心。即使上了大學，校方會提出「課題」，要學生必須思考自己的主張，卻沒有一堂課傳授「思考的方法」本身。

結果大多數人都在出了社會之後，才要思考點子或企劃，體驗怎麼製作資料。

然而，即使出了社會，周圍的人也不會手把手淺顯易懂地傳授「思考的方法」。絕大多數都是在工作中，出示前輩製作的企劃書或資料，詢問或模仿製作方式，同時藉由OJT（On the Job Training，在職訓練）自然而然地逐漸掌握訣竅。

但在這樣的環境下，就算對「思考」了解到某種程度，要達到「擅長」或「喜歡」的程度也非常困難。

原本我自己在求學時就不擅長「思考」，進入電通剛開始的這幾年來，每當觀看前輩的資料或詢問其想法時，就只會佩服對方「好厲害」。

我希望能夠降低社會上的「思考」門檻，想要改變只有部分優秀的人才懂得「思考」的現況。

　　只要學會「思考」，能夠積極努力工作的機會就會增加，變得開心。只要開心努力工作的人增加，社會應該會更美好。於是我就懷著能夠稍微推一把的想法，撰寫這本書。

「想想」和「思考」截然不同

　　大多數人能做到「想想」，卻無法做到「思考」。

　　把「想想」和「思考」的差異畫成圖，就如以下所示：

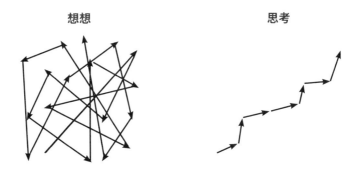

想想　　　　　　　　　　思考

　　「想想」就如左圖所示，思考屢次在同一個地方來來回回，跑東跑西，腦中沒有整理通暢。相形之下，「思考」則如右圖所示，思考的脈絡經過整理，路線清楚流暢。

　　所有人都能做到「想想」，但只要學習一點訣竅，就能掌握「思考」，其實學會「思考」並沒有那麼難。

這本書想要傳達什麼

雖然晚了，但請容本人自我介紹。

我叫筧將英，十五年來在綜合廣告代理商電通股份公司，頂著「策略規劃師」的職稱／頭銜工作。

相信也有人第一次聽到「策略規劃師」這個詞，讓我簡單說明一下。

像電通這樣的綜合廣告代理商當中有許多職位，其中專門負責行銷的職位就是策略規劃師。

具體來說，這個職位要負責客戶的品牌策略、商品開發及傳播策略（Communication Strategy，企業為將產品的資訊有效地傳達給顧客所採取的策略），根據資料分析或針對受眾和市場的調查提出企劃。

品牌策略和商品開發很好懂，但傳播策略這個詞對於廣告業界以外的人就不太熟悉。傳播策略是策略規劃師的工作當中具有特色的一項。

傳播策略從傳播概念（Communication Concept）的開發到 IMC（Integrated Marketing Communication，整合行銷傳播）的設計皆有涉及，不限於媒體廣告，也包含網路傳播或店頭宣傳，需要思考傳播／促銷的全貌。

傳播策略的主要工作有三項，分別是「擬定策略的事前調查」、「擬定策略」及「實施策略後驗證成效」。

我在 2021 年轉行和獨立創業。

我創辦了擅長傳播策略／品牌策略的「Base Strategy 股份公司」，協助企業制定策略。

另外，我還同時擔任廣告和演藝複合經紀公司 FOR YOU 股份公司的執行董事兼市場長，以及數位漫畫代理商 No.9 股份公司的獨立董事，職涯當中始終都在協助行銷活動。

以往我替許多大客戶和新創企業提出傳播策略／品牌策略，親身推動各種專案。本書就是根據自己的經驗，說明「廣告／宣傳／行銷相關人員每天工作時是怎麼動腦的」。

不過，書中的內容並非特別為已在廣告或行銷界累積足夠資歷的專家所寫，先請各位體諒。

這本書主要的對象是經驗尚淺的行銷人員和規劃師，或是不屬於廣告業界，卻「想要擅於思考」的年輕商務人士。

比如剛畢業進入綜合廣告代理商或數位廣告代理商二～三年的人（尤其是分配到行銷和創意部門的人）。

或是並非廣告業界，卻從事必須思考企劃或點子的職業，又或是因為人事異動或轉行而必須學會思考能力，卻不曉得該怎麼思考，為此苦惱的人。

另外也包含進行求職活動的大學生、考慮轉行的人，以及想要從事提交企劃或點子工作的人。

我希望能夠傳授這些人廣告企劃或行銷業務方面的「思

考」基本功，在以往，必須要進入廣告代理商經過在職訓練才學得到。

另外，本書的內容是根據我在FOR YOU股份公司的note創作平臺上連載的文章〈策略規劃師教給新進員工的事〉，添加詳細説明、案例介紹、插圖及練習題，大幅修改訂正而成。

學習「思考」的三個步驟

本書解説時會將「思考」分成初級篇／中級篇／高級篇這三個階段。

初級篇（第一～三章）是「釋出腦外」，説明如何將腦中的想法傳達出來。

我自己認為工作時必須思考的難題就在這裡。

雖然常有人説「思考前要劃分發散和收斂」，很多人卻不知道具體來説該怎麼發散／收斂。

但在面對每天的生活和工作當中，應該會在腦海裡累積各式各樣的想法。只要能將那些釋出腦外就行了。初級篇將會說明這項方法。

第一章〈「思考」就是「不歸納」〉，是關於初學者如何避免太多無意義（價值）的釋出。

第二章〈「思考」就是「劃分」〉，將告訴各位我認為最重要的「劃分」事宜。

第三章〈「思考」就是「作圖」〉，則會說明透過圖像表達的意義和方法，而不只靠言語表達。

中級篇（第四～七章）是「創造附加價值」，歸納了讓釋出價值更高的要點。

附加價值簡單來說就是「新事物」、「除了自己以外其他人想不到的事情」。思考企劃或點子的工作當中，任誰都想得到的「普通想法」沒有價值，需要創造世上前所未有的新事物。中級篇將會說明這項訣竅。

第四章〈「思考」就是「知曉」〉，是要說明每天該怎麼吸收，以便能在釋出自己腦袋當中的東西時提升其品質。

第五章〈「思考」就是「發現違和感」〉，則是歸納出該怎麼發現具有意義或價值的資訊。

接下來為了要創造新東西，第六章〈「思考」就是「做出假設」〉，將會說明需要擁有用來產生價值的假設。第七章

〈「思考」就是「建立課題」〉，則會說明如何設定必須突破（解決）的課題，好讓眼前的工作／專案成功。

高級篇（第八～十章）是「掌握提案能力」。

就算想出新東西或提升附加價值，但若沒有打動人心就無法實現，也就失去其價值。為了讓公司動起來，推動專案，打動客戶，就需要「提案能力」。在本書中提到的提案能力指的是「驚奇」和「信服」。

信服比較容易達到，而製造驚奇就需要技術，所以許多人才會覺得棘手。但若能夠製造驚奇，就可以打動人心，推動專案，工作會變得格外開心。

第八章〈「思考」就是「重新設定目標」〉，是說明設定吸引人的目標或終點，將會成為推動團隊的力量，第九章〈「思考」就是「兼容」〉，則是說明如何突破容易陷入的兩難權衡（「顧了這邊就顧不得那邊」的狀況），進而創造吸引人的提案。

最後的第十章〈「思考」就是「凸顯自我」〉，是說明該怎麼將自己的意見落實到提案上，以及「為什麼需要加上自己的意見？」

初級篇 釋出腦外	中級篇 創造附加價值	高級篇 掌握提案能力
第1章 「思考」就是「不歸納」	第4章 「思考」就是「知曉」	第8章 「思考」就是 「重新設定目標」
第2章 「思考」就是「劃分」	第5章 「思考」就是「發現違和感」	第9章 「思考」就是「兼容」
	第6章 「思考」就是「做出假設」	
第3章 「思考」就是「作圖」	第7章 「思考」就是「建立課題」	第10章 「思考」就是 「凸顯自我」

　　每一章會添加我的實際經驗作為例子，好讓想要傳達的內容淺顯易懂。

　　另外，在第二、四、六、八及十章的尾聲，則收錄了我尊敬的人關於「思考」的訪談。所有人都是在最前線活躍的專家。雖然話題主要圍繞在廣告業界，但對於其他領域的人來說，一流人士的思考方式必定可以作為參考。

────・ 學習行銷的推薦書籍

　　本書想要傳授「技能和態度之間的關鍵」，且馬上就能應用到。

　　因此，正規的行銷知識就需要請各位透過企管碩士班或其他書籍紮實學習。以下介紹我推薦的書籍，假如各位也能搭配閱讀就太好了。

《讓大眾小眾都買單的單一顧客分析法：P&G、樂敦、歐舒丹……打造回購熱銷商品的市場行銷學》（西口一希，采實文化，2020年）

《日本環球影城吸金魔法：打敗不景氣的逆天行銷術》（森岡毅，台灣角川，2017年）

《手寫策略論：「打動人心」的七大溝通技巧》（磯部光毅，宣傳會議，2016年）
（手書きの戦略論　「人を動かす」7つのコミュニケーション）

《精準行銷聖經：日本電通洞察目標對象、找出賣點、打造暢銷商品的市場調查教戰手冊》（阿佐見綾香，莫克文化，2023年）

《影響力：說服的六大武器，讓人在不知不覺中受擺佈》（羅伯特‧席爾迪尼，久石文化，2016年）
（Influence: Science and Practice by Robert Cialdini）

《銷量暴漲的原理：27年的永恆行銷經典，教你22個攻略全球的獲利秘密！》（艾爾‧賴茲、傑克‧屈特，大樂文化，2021年）
（The 22 Immutable Laws of Marketing：Violate Them at Your Own Risk by Al Ries, Jack Trout）

《【超圖解】人氣品牌立即上手：品牌經營手法64招，「市場聲量」極大化，「花小錢」建立忠誠度，有需求第一個想到你！》（山口義宏，方言文化，2019年）

《品牌如何成長　第二部：新興市場、服務、耐久財、B2B
及奢侈品品牌》（拜倫·夏普、詹妮·羅曼紐，朝日新聞出
版，2020年）
(*How Brands Grow Part 2: Including Emerging Markets,
Services, Durables, B2B and Luxury Brands* by Byron Sharp,
Jenni Romaniuk）

《行銷企劃技術：行銷意識培養講座》（山本直人，東洋經濟
新報社，2005年）
(マーケティング企画技術—マーケティング・マインド養成講座）

《創意，從無到有》（楊傑美，經濟新潮社，2015年）
(*A Technique for Producing Ideas* by James Webb Young）

關於練習題

每一章的最後準備了練習題。

立刻嘗試學過的東西就會學得更深入，迅速掌握技能。
假如各位能在每一章結束之後，接著填寫練習題，這將是最
理想的學習方式。

CONTENTS

前言

初級篇

釋出腦外

釋出腦中的想法比想像中還困難

第 1 章　「思考」就是「不歸納」

第 2 章　「思考」就是「劃分」

第 3 章　「思考」就是「作圖」

中級篇

創造附加價值

附加自己思考出的「全新價值」，才算得上「工作」

第 **4** 章　「思考」就是「知曉」

第 5 章　「思考」就是「發現違和感」

第 6 章　「思考」就是「做出假設」

Interview 訪談

第 7 章　「思考」就是「建立課題」

高級篇

掌握提案能力
提案能力會打動人心

第 8 章　「思考」就是「重新設定目標」

Interview 訪談

CyberAgent　行銷總監　西賢吾

第 9 章 「思考」就是「兼容」

第 10 章 「思考」就是「凸顯自我」

Interview 訪談

後記

釋出腦外

釋出腦中的想法比想像中還困難

人這種生物不會直接講出或寫出想法，而是會先斟酌再表達。尤其是和別人對話時，常會在動腦的同時斟酌用字遣詞。雖然要和周圍的人順利溝通就需要這樣做，但在「思考」時則會成為障礙。

思考時需要先將想法統統釋出腦外。不過，要能做到這一點，就需要某種程度的訓練。請各位先了解這項事實。

人類的頭腦當中有各式各樣的想法在奔馳，數量多到連自己都沒有察覺。然而，許多人無法將這些想法統統形諸言語。

尤其是不擅「思考」的人，更是無法將腦中打轉的各種想法順利釋出腦外。所以要將腦海中浮現的想法先釋出腦外，不管是什麼都行，即使錯了也沒關係。這就是「思考」的第一步。

初級篇將會說明這項方法。

第1章
「思考」
就是「不歸納」

——— 「簡潔歸納」想說的話真的正確嗎？

出了社會之後，上司或前輩就會教你「要記得簡潔表達」。的確，每個人都忙於自己的工作，為了不要浪費對方的時間，就要記得剛開始先提出結論，釐清論點再「簡潔表達」。另外，從潤滑人際關係的觀點來看，不說多餘的話，簡潔表達需要交代的事情也很重要。

假如實際閱讀許多商管書，就會發現書中會提倡「簡潔表達」的重要性，像是「報告、連絡及商談時，要事先整理想要表達的東西，再簡潔歸納」、「剛開始先提出結論，再釐清論點」，或是「歸納成三個重點」等。

如果本書是為了讓商務洽談或簡報順利進行而寫，只要傳授「簡潔歸納」的方法就行了，但本書的目的不是為了這個，而是為了讓讀者學會「思考」。而在「思考」當中，「歸納」是「百害而無一利」。

大多數人都能「邊歸納邊思考」，但其實這樣做會離「思考」愈來愈遠。許多人往往會犯下這樣的錯誤。

那麼，為什麼「思考」和「歸納」不能同時進行呢？

出社會第一年製作資料時 惹前輩生氣的故事

我出社會第一年時，曾經惹得前輩勃然大怒。

當時我協助前輩製作要提案給某個客戶的資料，前輩事先交代「資料的字句要經過歸納」。當時我不懂這話是什麼意思，就做出類似下圖的資料：

重點① 商品的品質很重要	重點② 用一句話傳達魅力	重點③ 詢問顧客的意見
內文內文內文內文 內文內文內文內文 內文內文內文內文 內文內文內文內文	內文內文內文內文 內文內文內文內文 內文內文內文內文 內文內文內文內文	內文內文內文內文 內文內文內文內文 內文內文內文內文 內文內文內文內文

※就是內文內文內文內文內文內文。

結果，看了資料的前輩就罵我：「不是告訴你要歸納嗎！」

那麼，這份資料是哪裡不行呢？

各位知道嗎？

這份資料乍看之下或許淺顯易懂。但再仔細看看就會覺得，雖然不能否定上面記載的內容，卻沒多少嶄新之處，等於沒多少價值。這樣的東西不能當成資料提交給客戶。

只要具備某種程度的經驗，就可以不經調查，不加思索寫出這樣的資料。換作是現在，連 AI 都寫得出這樣的東西。但這沒有意義，因為完全沒有新資訊。

企劃起草人和規劃師的價值，並非製造和羅列「諸如此類的詞句」。本書否定這種做法。

的確，歸納詞句是商務人士需要的技能，但歸納的觀念會妨礙一個人深入探究受眾、商品、社會及現象之類的本質。

以前面的資料來說，相較於大字的部分，以小字撰寫的部分和寫在底下「※」處的註釋，這類乍看之下不重要的部分反而具備資訊應有的價值。因此，我認為聚焦在這些部分的企劃書會更有價值。

那麼，該怎麼樣才能做到不歸納呢？

關於「重質還是重量」的討論

「不歸納」就是「腦海中浮現什麼就釋出什麼」、「別在意品質，總之先寫出來／講出來」。關於這一點，也會涉及工作時「重質還是重量」的討論，以下先整理我的觀點。

隨著工作方式改革的普及，使得「長時間工作和工作量過多並不好」這種價值觀占了社會的多數。我上一家公司電通也順應這項趨勢，設定上班時間的上限，規定員工要消化帶薪假。當然，我自己也覺得長時間工作應該要改正，帶薪假最好要充分使用。

　　不過關於這個問題，許多人會簡化為重量還是重質的二元對立來激發討論，以至於像現在這樣小題大作，這一點終究影響很大（附帶一提，二元對立雖然容易激發討論，但二元對立往往反而遠離解決課題之道，需要小心）。

　　個人的結論是量與質並非二元對立，而應該當成因果關係。換句話說，就是「解決量的問題就可以產生質」。

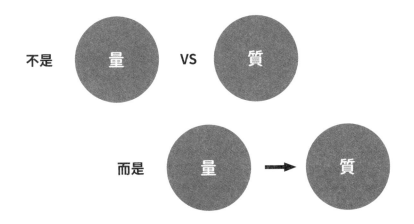

　　聽到這種說法，或許會有人以為我贊成長時間工作，但其實並非如此。技能和經驗能夠累積於自身當中，只要消化

一定程度的工作量，熟悉職務的話，即使做同樣的工作也會漸漸縮短所花的時間。

常言道「要趁年輕時多吃苦」，或許就是指這樣的情況。

「思考量」比「思考時間」還重要

關於「量」的問題終究還是需要正確的理解。雖說要「解決量的問題」，但也不是單純花很長的時間就好。「解決量的問題」是「將思考量最大化」，與「思考時間」的長短沒有關係。

思考會受到每個時刻的專注力所影響，但針對一件事在15分鐘內能夠釋出的思考量，則是因人而異。

恐怕不擅思考和相當擅長思考的人之間，最大可以相差百倍吧？

為什麼「思考量」很重要呢？因為持續思考同一件事也沒有意義。其實宣稱「不擅思考」的人，絕大多數都只是在腦中對同一件事反覆「想想」而已。

原本「想想」和「思考」就是兩回事。許多人不懂這一點，

或是誤以為兩者相同，所以不擅思考。

那麼，該怎樣才能「思考」而不是「想想」呢？

解決方法就是「書寫」。用紙筆、電腦和智慧型手機都可以，總之就是寫。光是這樣就會懂得思考，而不是讓想法在腦子裡打轉。因為人類不會持續寫同一件事，不久就會發現反覆寫同一件事也是白費力氣。

比如說，請各位思考「日本為什麼會發生少子化」。首先花五分鐘在腦中思考，將想法寫在紙上。接著在五分鐘內盡量即時寫出浮現在腦海裡的事情。

我們來比較一下兩者的分量。

恐怕一般人即時寫出的量會多達三倍吧？

假如分量相同，就表示那個人相當習慣「思考」。

就像這樣，藉由「書寫」就能「不歸納」，藉由「書寫」就能「思考」。

相信各位已經明白「思考」和「不歸納」的關係了，接著就馬上介紹「不歸納的小訣竅」。

〈不歸納的小訣竅①〉
劃分「想到的事」和「要整理的事」

一般人講話時會謹慎選擇要說的事情和不說的事情。日常的對話當中這樣做沒有問題，反而還稱得上是圓滑溝通必

備的技能。假如把腦中想到的事直接講出來，應該會吵架吵不停。

人在對話時會在腦中整理想到的事，同時適當斟酌再表達，但許多人思考時也會做同樣的事。換句話說，就前面談到的「書寫」而言，順序就是先姑且整理腦中想到的事，再寫在紙上。

其實這就是難以將想法完整表達出來的理由。思考不能像對話時一樣。

人會在自己想過之後再斟酌用詞。這裡則希望你不要斟酌，將浮現在腦海裡的事情「統統」寫在紙上。當然，假如用鍵盤打字比寫在紙上快，使用鍵盤也沒關係。

要在思考時將飄過腦中的詞句統統寫出來，需要稍微累積一些訓練量。訣竅就是像聯想遊戲一樣動腦筋，將浮現的詞句直接寫出來。

假如腦子動得比書寫的速度快，來不及記下來，也可以錄在智慧型手機的語音錄音機，之後再寫出來。目的並非「書

寫」，而是將浮現的詞句不斷釋出腦外。

最近還有像Google文件一樣，直接將聲音內容轉成文字的服務，也可以活用類似的工具。講出來之後，多半會冒出不同於平常的構思和想法，我也推薦這個方法。

首先要以下方的左圖為目標。

做這道步驟時不要追求正確答案。或許會出錯，但不要在意，要先釋出腦外。這才重要。重複以上程序之後，能夠寫出的資訊量就會逐漸增加。

另外，雖然在寫的時候沒有什麼條理，但這些東西不會給別人看，所以用不著在意。請各位以獲得思考所需材料的心態大量寫出來。

看看釋出的結果，就會發現其中蘊含許多的資訊。只要從中整理和研究資訊就行了。

〈不歸納的小訣竅②〉
注意用字遣詞

用字遣詞的方式代表那個人的個性，蘊含資訊，隱藏著重要的潛在需求。

大多數人和別人聊天時，不會直接將想到的事情說出口。發言前會先加工成順耳的話，或是轉換成淺顯易懂的語句，自己用慣的詞彙，再不然就是用在工作上的專業術語。尤其在商務現場中，這樣做更是理所當然。

但若在思考時這樣做，有時就會忽略腦中浮現的詞句當中蘊含的「重要資訊」。

我們就來舉例說明。

下圖是關於「汽車」的描述。雖然左邊和右邊描述的同樣都是汽車，不過兩者在資訊上意義截然不同。各位看出來了嗎？

在資訊上意義大不同

釋出自己腦中浮現的詞句時也需要意識到這一點。我們不要試圖歸納，要掌握「屬於自己的話語」。

比如説，即使「清爽」和「清涼」要表達的東西很像，意義也大為不同。

　　釋出想法的過程中，要是刪除平時不常用的單字，就會削弱個性，所以要直接寫出來。之後再記得重新思考「為什麼要使用這樣的詞句」。

　　將詞句梳理通順的步驟可以之後再做，要記得先將想到的話直接寫下來。當然，錄音再轉成文字也不失為一個方法。

　　另外在工作上，接下來這件事其實更重要。思考行銷策略／措施的步驟當中，常會採訪利害關係人或目標使用者。

　　採訪時要記得直接寫下對方使用的詞句，而不要替換成自己的話。因為對方當場説出的內容本身就蘊含許多意思。

　　比如採訪買車的人時，「因為有家人在所以想要五人座的車」的説法，與「想要家人能夠共乘的車」的説法，意義就大為不同。要是沒有好好留意，往往會在無意間刪掉這樣的資訊，或是經過自己的加工而失真。

　　「五人座」不只是家人，或許也設想到要和朋友或熟人消遣用。另外，就算設想到「家人能夠共乘的車」，兩代同堂和三代同堂的意義也不同。

　　歸納詞句後，就會忽略這樣的語義。人類這種生物比想像中還健忘，要記得正確記錄當時的用字遣詞。

　　像這樣意識到用字遣詞，直接記錄下來後，就可以做到不歸納。

〈不歸納的小訣竅③〉
增加詞彙量

人這種生物會使用自己所知的詞句，了解事物或現象。

不懂的詞句就無法了解。就算使用不懂的詞句說明某些事情，也只會覺得「不太明白」、「無法了解」。結果既不能當成資訊使用，甚至還會忘了自己聽過這個詞。

但反過來說，也是「知道的詞句愈多，能夠了解的事情也會愈多」。換句話說，增加詞彙之後，了解的事情就會增加。最後就能更多、更正確、更深入地認識世上的事情。換句話說，詞彙量增加後「觀看世界的清晰度就會提升」。

假如以學習英文為例，相信會比較好懂。

基本上，記住的英文單字數愈多，就愈能閱讀長篇的英文文章。反過來說，知道的單字數愈少，就只能從知道的單字中推測文章的意思，能夠判讀的內容也就會變少。

詞彙量多的人對社會的認識比較清晰

詞彙量少的人　　　　詞彙量多的人

詞彙量一多就會顯得縝密

不只是學習英文，工作或日常生活當中也一樣。為了了解自己不懂的事情、不太明白的現象，就需要記住新的語句，增加詞彙。再重申一次，詞彙增加之後，就能更多、更正確地認識世上的事情。

這和前面提到的「注意用字遣詞」有關，當你要適當表達出思考的事情和想到的事情時，擁有豐富的詞彙就會相當有利。

無須硬要使用一般人不熟的冷僻語彙，至少需要正確了解通常在用的字句。另外，每天都會冒出新的概念或詞彙，用在網路媒體報導或社群網站上，所以從平時就需要記得查看、了解和採用新的概念或詞彙。

使用字典或辭典也能增加自己的詞彙。現在的電子辭典或網路上的字典與辭典很多，希望各位能積極活用。

比如遇到新詞彙或不認識的詞彙時，別只停留在似懂非懂，而是要確實查詢和了解。

另外，假如這時沒有只單純了解那個詞彙，而是同時了解好幾個相關的詞彙，像是其他含意相同或相反的詞彙等，則不但會增加詞彙量，還能以更系統化的方式用字遣詞。這時不妨利用近義或反義辭典。

另外，假如在吸收詞彙後馬上使用，就容易牢記在腦子裡。所以若在工作中出現不認識的詞彙，就要立刻查詢含意、用法及相關詞，覺得自己「了解」之後就馬上用用看。

比如我們可以將詞彙穿插在與周圍的人對話和電子郵件中，或是在社群網站和部落格發布資訊時使用。只要養成習慣做出這一連串的步驟，用字遣詞的能力就會不斷提升。

寫出「想到的事」比想像中還要難

每逢在工作中「思考」時，經常會覺得將自己的感受、想到的事情及想法寫出來或講出來出乎意料地困難。雖然從事「思考」工作十五年以上，但有時也很辛苦。

就算覺得「浮現不錯的想法」，寫成文章回頭閱讀後，也會察覺到當中沒有任何發現或新意。這時就會因為「自己的腦子為什麼想不出新東西」而感到鬱悶。

而且，要是沒有當場釋出腦中的想法，事後就常會想不起來，不曉得靈感飄到什麼地方去。

雖然在就寢前突然冒出絕妙的點子，卻心想「明天再寫出來」而倒頭就睡，到了隔天早上就完全想不起來。

將錯就錯認為「人類就是這樣」很簡單，但這樣其實非常可惜。為了避免落到這種地步，我們要養成習慣執行這一章介紹的「思考後不歸納，直接（用言語）釋出腦外」。這樣

一來非但不會忘記，還會提升高價值釋出的機率。

── 練習題（38～39頁）

針對你自己的主題和工作上經辦的商品／服務，試用以下兩種方法，表達你的感受、認為是課題的事情、覺得最好要改善的地方，以及想要提出的方案等。

〈方法①〉試在5分鐘內盡可能大量寫出想到的事情（用紙筆、電腦或智慧型手機皆可）

〈方法②〉講5分鐘的話，透過Google文件的語音輸入功能轉成文字

做完這兩件事之後，再比較一下哪一邊的思考量多。重要的關鍵不在於比較文字量，而是要比較想法量、思考量及能夠運用的資訊量。

實際做做看就會發現，相對於〈方法①〉，〈方法②〉的思考量會比較多。前面也提過，〈方法①〉和〈方法②〉思考量相同的人，早就非常習慣將想法釋出腦外。

最重要的是先認知到「將想法釋出腦外很難」。請各位在做過一次之後，用自己擅長的方法不斷訓練如何釋出腦外。

主題 「   」

方法① 　試在5分鐘內用紙筆或電腦寫出最多的東西

方法② 　透過Google文件的語音輸入功能講五分鐘的話，轉成文字

主題 「　　　　　　　　**自己的工作處理方式**　　　　　　　」

方法① 試在5分鐘內用紙筆或電腦寫出最多的東西

- 要開會討論的課題很多，白天沒有時間準備，所以不得不在清晨、夜晚或假日進行。
- 沒辦法花很多時間吸收，不足以替新資訊或行銷建立體系。
- 問題在於不能針對這一點執行改善措施。
- 現實是招募和培訓員工在短期內難以達成，必須提出中長期解決方案。
- 白天會議的時間占了8成，目標是減少到6成左右。
- 現實是短期內難以解決，必須靠中長期的員工招募和培訓計畫。
- 短期的對策是會議不要花1小時，要改花45分鐘，剩下的15分鐘完成會議要點。

方法② 透過Google文件的語音輸入功能講五分鐘的話，轉成文字

- 自己面對工作的方式中最大的問題是過於忙碌，沒辦法好好掌控。
  從早上10點到晚上7點幾乎都被會議占滿，雖然中間空出30分鐘或5分鐘盡量處理事情，結果早上和晚上工作結束後，假日還要製作資料。這已經成了常態，希望能夠改善。
- 改善措施是實際減少會議的次數。沒必要的會議就不要參加。之後就是將會議的時間改為30分鐘或45分鐘。沒必要花1小時的會議就花30分鐘解決。看起來需要花1小時的就花45分鐘，剩下的15分鐘就歸納必要事項。這一點做得還不夠徹底，應該堅持做到。
- 長期方案是把工作交給別人，因此要招募和培訓員工。必須招募勝任的員工做自己正在從事的業務，培訓勝任的員工做自己就能做的事。另外，尋找外部工作人員或能夠合作的公司也很重要。除此之外，常規的業務必須制定流程以減少時間。假如不能落實這一點，就無法有效授權，公司也無法壯大。
- 無法改善的原因在於自己很喜歡這份工作，必須徹底做到只參與重要的案件，除此之外就不要參與，實際上卻很難執行，不得不試著在領導現場工作的同時招募和培訓員工。
- 雇用優秀人才就好，這其實只是一種理想。假如在整體策略上，招募人才本身就有困難，則必須考慮其他方法。思考策略時該怎麼衡量人力資源的取得，希望也能聽聽外界人士的意見，同時構思最佳方案。

第2章
「思考」
就是「劃分」

—— 「了解」就是「劃分」

我在這一章會告訴各位，「劃分」就是「思考」的最基本概念。

只要「劃分」得當，就能做出有價值的分析和考察。換句話說，就是能將「思考」當成武器。

向客戶提案之際，為了打動許多人而做簡報之際，需要提供新資訊給聽眾，獲得他們的認可，所以就需要先「讓對方了解」。

所以表達時不能只羅列資訊，而必須轉換成有意義的形式，再表達到讓對方「了解」。

日文「わかる」（了解）的語源如下：

わかる（了解）和分ける（劃分）同源，由來是明確隔開和釐清渾沌的事物。含意與「了解」相近的「劃分」有很多相通的詞彙，像是「理解」、「區別」、「判別」、「分別」、「領悟」及「明白」等。

出處：「語源由來辭典」（https://gogen-yurai.jp/wakaru/）

換句話說，「了解」就是「劃分」。想讓對方「了解」就要先「劃分」。這就是「思考」的出發點。

比如說，就算突然說要「思考」，絕大多數人也不知道要怎麼動腦。但若說「請你先劃分一下」會怎麼樣呢？會不會覺得做起來非常容易呢？關鍵就在於做起來容易。

覺得自己不擅「思考」的人多半是將「思考」的門檻調得太高。

這一章提出的方法是先從「劃分」做起，以便能夠輕鬆「思考」。

思考「怎麼劃分」而不是MECE

那麼，該怎麼劃分才好呢？

劃分的概念當中有一個是運用邏輯思考的「MECE」。其含意如下：

MECE是取（Mutually Exclusive and Collectively Exhaustive）第一個字母的縮寫。各個單字翻譯如下：

· Mutually：彼此、互相
· Exclusive：沒有重複、沒有涵蓋
· Collectively：總結來看、整體來說
· Exhaustive：沒有遺漏

換句話說，直譯之後就是「彼此之間沒有重複，整體來說沒有遺漏」的意思。翻譯成中文時多半叫做「彼此獨立，互無遺漏」。

關於 MECE

彼此重複，互有遺漏

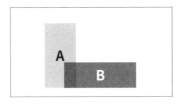

彼此獨立，互有遺漏

彼此重複，互無遺漏

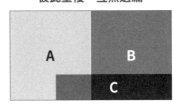

彼此獨立，互無遺漏（MECE）

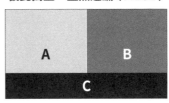

出處：ONE MARKETING〈MECE是什麼〉
https://www.onemarketing.jp/contents/mece-re/

原本 MECE 是顧問業用來表示「彼此獨立，互無遺漏」的詞彙。現在經過許多商管書和網路文章介紹，廣為人知。

但說老實話，我不太喜歡 MECE。那也是因為 MECE 沒有提供劃分本身和劃分用的架構。

真要說的話，MECE 就是察覺「有沒有遺漏和重複」的概念。

比如在實際的商務情境中，遇到沒有妥善整理的資訊（＝沒能做到 MECE），就會在糾錯時使用「MECE」這個詞。

換句話說，要達到MECE的狀態，就需要先自己動腦「劃分」。MECE這個詞是不會幫人劃分的。

「劃分」也有很多種

就算說要「劃分」，但相信許多人一開始也不知道要劃分什麼，該怎麼劃分。不過沒必要想得太難。

比如提供某種咖啡的店家嘗試從各種不同的切入點來劃分。

① 將顧客劃分為兩種
　　例：新客和常客

② 劃分顧客使用商品時的情境
　　例：顧客是在店裡喝咖啡，還是打包外帶呢？

③ 劃分喜愛商品的方式
　　例：顧客是喜愛咖啡的滋味，還是喜歡店裡的氣氛或待客方式呢？

④ 劃分商品口耳相傳的方式
　　例：口耳相傳的方式是要附上咖啡和店內的照片，還是單憑文字稱讚咖啡的美味和待客之道出色呢？

⑤ 劃分競爭商品
　　例：附近的咖啡店和其他能夠打發時間的場所。

⑥ 劃分自己喜歡商品的理由

　　例：像是「喜歡商品」、「喜歡店裡的氣氛」或「喜歡店家的
　　　　選址」等。

⑦ 劃分後要再劃分

　　例：將⑥的「喜歡商品」劃分成「喜歡咖啡」、「喜歡配咖啡
　　　　一起吃的餅乾」及其他情況。

　　各位覺得如何呢？是不是覺得這點小事自己也做得到呢？
關鍵就是要先覺得「做起來似乎很簡單」。

　　假如覺得「突然要我劃分很困難」，就先按部就班，試著
找到和列出「想要劃分的東西」再劃分。下圖是先列出○和
☆（左）再加以劃分（右）。

列出　　　　　　　　　　　**劃分**

　　接著只要針對劃分的東西加上適當的詞彙標籤，就已經是
「分析」了，而若思考「為什麼要這樣劃分」，這就是「考察」。

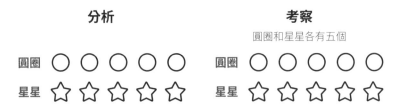

分析　　　　　　　　　　　**考察**

這張圖當中的○加了「圓圈」的標籤，☆則加了「星星」的標籤。要將這些劃分完畢後再分析。接著針對分析結果提出「形狀確實不同」的結論，就是考察。

基本上來說「劃分」就只是這樣。當然，假如要處理的東西不是兩種，而是五種、十種或更多，考察的方向和切入點也會有各式各樣的可能性，但做法本身相當簡單。

行銷架構也是單純的劃分

前面說明過「劃分」任誰都可以輕鬆做到，接下來希望各位明白「該怎麼應用在工作當中」。換個角度來想，其實世上為人所知的各種行銷架構也算是「單純的劃分」。

以下介紹幾個知名的行銷架構。

① 顧客旅程（Customer Journey）：以顧客的行為劃分

二十幾歲女性購買服裝的顧客旅程

	興趣和關心	比較和研究	購買	使用	分享
接觸點	·電視廣告 ·雜誌 ·商店 ·社群網站	·口碑或評語 ·店面試穿 ·與其他品牌相比 ·加入我的最愛	·到社群網站上使用優惠券 ·透過店面或網路購買	·研究怎麼穿搭 ·穿上服裝	·在社群網站上分享 ·撰寫評語
思考潛在需求	·這件服裝很可愛 ·好想要 ·哪裡買得到？ ·多少錢？	·購買者的評價 ·適合自己嗎？ ·有其他好東西嗎？	·買到中意的洋裝真是太好了，好開心	·要和什麼樣的服裝搭配穿著呢？ ·非常適合自己，真開心	·試著上傳照片到Instagram上 ·也會試著撰寫評語

② 聚類分析（Cluster Analysis）、③ 定位圖（Positioning Map）：
以雙軸劃分

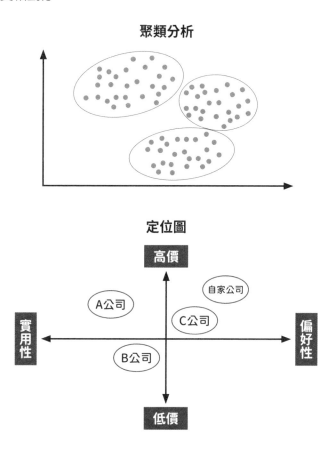

聚類分析

定位圖

接下來就詳細說明①～③。

① 顧客旅程（Customer Journey）

這個方法是依照時間序列來歸納服務受眾的行為，也就
是以行為劃分。主要用於思考「該怎麼製造與受眾的接觸點」，

適合用來全面性地歸納廣告措施和店頭接觸點。

② 聚類分析（Cluster Analysis）

　　這個方法是依照群聚程度劃分整個市場當中的受眾。雖然可以用在所有商品上，但比起日用品，更適合用在服裝產品，以及其他容易因為顧客的嗜好或生活方式而出現差異的商品。但這需要統計方法，難以徒手作業。

③ 定位圖（Positioning Map）

　　依照品牌定位的不同劃分自家商品和競爭商品。相對於聚類分析是劃分人，這裡則是劃分商品。

　　總而言之，行銷架構和其他世上所有的分析方法，都只是基於某種意圖來劃分資訊。因此，只要能提升「劃分」能力，就可以歸納與分析所有的事情。

案例：藉由劃分受眾的「心態轉變」制定廣告策略

　　在此要介紹我以前經辦過的「劃分」案例。我上一份工作是在提供轉職服務的企業上班，這則故事就發生在當時。

　　這家企業提供的服務是協助商務人士尋找新工作。廣告傳播的前提是「希望使用這項服務的使用者增加」。

我在思考廣告策略時會先劃分受眾。因為決定廣告的受眾是誰，在建立策略上會非常重要。

　　一般來說，設定使用轉職服務的受眾時可劃分如下：

· 現在正在找新工作的人
· 近期內想要找新工作的人
· 沒有在找新工作的人

　　這時會覺得「想在劃分受眾時更貼近真實」，試著像下圖一樣以受眾的心態變化來劃分。

轉職之前的心態變化

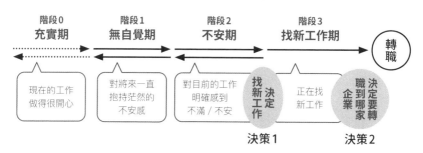

　　相信各位看到這張圖就會發現，我思考的是「找新工作前的各種心態」。

　　這時就要設想以下四種心態：

① 工作很充實，想都沒想過要轉職的「充實期」
② 即使抱持茫然不安的感覺，也還沒考慮要找新工作的「無自覺期」

③ 明顯感到不滿或不安的「不安期」
④ 實際開始找新工作的「找新工作期」

　　只要像這樣歸納，就會發現受眾的心情往往會在充實期、無自覺期及不安期這三個時期擺盪。另外，像這樣劃分之後，即可專注於「要在什麼樣的時機，以什麼樣的方式傳達，使用轉職服務的可能性才會高」，就容易構思策略。

　　比如我們可以思考如下：

　　首先，對於充實期「現在的工作做得很開心」的人，或許目前不設定成受眾也沒關係。

　　另外，對於無自覺期「抱持茫然不安」的人，適合的傳播方式是拋出疑問：「你覺得維持現狀好嗎？」

　　然後，對於不安期「明確感到不安」的人，則該發出強烈的訊息：「要不要考慮一下換個工作？」

　　藉由這種劃分法就會明白，找新工作時要做出兩種決策。

　　這時會做出決定「找新工作」的「決策1」和「轉職到哪家企業」的「決策2」。只要以妥善的方式協助受眾做出這兩種決策，就可以奠定服務的價值。

　　雖然只是一個案例，卻可以作為思考時的基準，不是用以往的劃分方式歸納受眾，而是以心態劃分，進而思考該怎麼接近狀態各異的人。

這不是值得掛在嘴邊的高度技巧，而是單純的「劃分」。各位不覺得「這點程度似乎自己也做得到」嗎？

首先要從各種觀點劃分一下。就試著從這裡做起吧。

藉由分析增添獨特性

目前為止已經歸納出各式各樣的劃分方法。

剛開始要邊看邊學，並在參考範例的同時以自己的方式劃分。總之先決條件就是熟悉「劃分」。相信在嘗試各種劃分法的過程中，就會學到自己擅長或適合自身工作的劃分法。

接著在「劃分」當中，最獨特且最有價值的是「自己制定劃分的方法」。

這樣會讓客戶感到新鮮和驚奇，所以我會記得在簡報的關鍵投影片（Killer Slide）當中，安插獨特而嶄新的劃分方法。

前面介紹過找新工作時的心態變化，雖然不會直接根據這個來劃分，但可以實際用在簡報上，獲得客戶負責人的高度評價。

不過，雖說要「自己制定劃分的方法」，也沒必要從頭做出完全嶄新的東西。稍微改變一下通常的劃分方法就足夠了。

從事廣告企劃時，我們往往會過於注重想出方案的點子。然而，對於很多客戶來說，點子是否有趣倒在其次。他們更

希望「做出更好的行銷提升銷售額」。

這麼一想應該就會發現，雖然思考要釋出的內容很重要，不過提升分析／考察的技巧也同樣重要。從簡單的地方做起就好，讓我們學習屬於自己的劃分方法吧。

這只是我的經驗，有一次藉由上述的分析，成功得出獨特且驚奇的釋出成果時，客戶負責人就對我說「跟筧先生一起工作真是太好了」，所以我深信嘗試的價值會很大。

── 練習題 (52 ～ 53頁)

試以行為劃分（顧客旅程）你自身的主題、工作上經辦的商品／服務使用者和受眾。

做好之後就讓同事或朋友看看，取得回饋意見。比如「是不是有哪裡怪怪的」、「哪個地方可以贊同」等。

另外，多人一起工作時，要針對劃分方法找出不同的部分，互相說明「為什麼自己這樣劃分」。

方法① 以行為劃分（顧客旅程）

「 」的顧客旅程

| 興趣和關心 | 比較和研究 | 購買 | 使用 | 分享 |

接觸點

思考潛在需求

方法① 以行為劃分（顧客旅程）

「 **二十幾歲女性購買服裝** 」的顧客旅程

興趣和關心	比較和研究	購買	使用	分享
接觸點 ・社群網站 ・商店 ・雜誌 ・電視廣告	・加入我的最愛 ・與其他品牌相比 ・店面試穿 ・口碑或評語	・透過店面或網路購買 ・到社群網站上使用優惠券	・研究怎麼穿搭 ・穿上服裝	・在社群網站上分享 ・撰寫評語
思考潛在需求 ・多少錢？ ・哪裡買得到？ ・好想要 ・這件服裝很可愛	・有其他好東西嗎？ ・適合自己嗎？ ・購買者的評價	・買到中意的洋裝真是太好了，好開心	・非常適合自己，真開心 ・要和什麼樣的服裝搭配穿著呢？	・也會試著撰寫評語 ・試著上傳照片到Instagram上

53

Interview

電通創意總監
眞鍋亮平

「想表達什麼」（What to say）才是真正的右腦思考

真鍋先生平常是怎麼思考的？

我的方法是「劃分為認真區和遊憩區再思考」。首先在「認真區」當中，認真思考和確立自己想表達什麼（What to say）。接著在「遊憩區」當中，從表達方式（How to say）的角度去思考一些異想天開的點子。我會以完全切換成兩種腦的方式來做。

創意人會想要盡快思考表達方式，但若想表達的內容不明確，就等於在地基沒有穩固時就想直接跳，既跳不高，表現出來的成果也是半吊子。原本想表達的內容對客戶來說並不優秀，卻急著思考如何表達，這樣是不妥的……所以我才一直都那樣做。

但是，自從當上創意總監之後，就覺得在思考想表達的內容時，也需要「遊憩區」這種右腦式的思維。

是因為發生過什麼樣的變化嗎？

時代逐漸從「想要傳達得吸引人」演變到必須要有新發現。以往是從客戶的行銷方向延伸出去，歸納出「花15秒的廣告時間說出想表達什麼」就可以了，現在則必須和客戶一起思考想表達什麼。

這樣一來，就要在「認真區」和「遊憩區」之間來回跑，要在現在這個階段確定這件事，就是創意總監的工作吧？

假如弄錯基本的方向，工作人員的時間和勞力統統都會白費，所以要撥出時間處理。

我十分可以理解。就算說「希望提高銷售額」，但如果負責人本身不抱期待，負責人和團隊就提不起勁工作。所以遇到這種時候要「重新設定目標」、「決定吸引人的目標」。

我認為「決定吸引人的目標」是正確的。總而言之，負責人也需要告訴團隊，「工作的目標是爬上這座山」吧？

這是我當上創意總監之後，參與古川裕也先生（前電通高階創意總監）的工作後學到的，不過剛開始古川先生是說「我

們的工作就是要能夠走到這裡」。其中有一股力量讓人覺得「假如工作是要爬那麼高的山，就必須從自己的資源中撥出這些」。所以會心懷期待，踩踏油門，因為「要是沒超越自身的極限，就爬不上那座山」而拚命努力。

這種感覺就是你剛才說的，要設定出能讓客戶和製作者期待的目標，而且要回溯這項目標找出核心創意。這兩者都非常重要。

附帶一提，古川先生通常是怎麼設定高山呢？

比如「對人類來說工作必須達到這樣的境地」，將這個概念形諸言語就會很動聽。

主題還真宏大！

沒錯，實在很宏大呢。因為宏大，眼界才會提升。雖然試過從「賣出這個」或「讓人喜歡上商品」開始思考，卻變得像是「哦，工作是要爬那麼高的山嗎？這真是……」如此一來，就會從研究和構思方法改變起，需要吸收的資訊也會跟著改變。

創意指導的奧妙啊……剛才說的內容或許很難輕易效法，有沒有「年輕人這樣學就好」的訣竅呢？

我會對年輕人談談「章魚腳戰法」（指在多個領域同時進行工作或嘗試），現在不是會跨很多領域嗎？廣告也是如此，這

是各方業界渴望創造力的時代，從這個意義上來說對我們有利，但另一方面，大家也會因此轉移注意力。

所以我對年輕人的建議是「哪怕是一個也好，該踏實地投資在要花時間學習的技巧和技術上」。否則就會變成 30 分的半吊子，這是最危險的。

文案寫作、藝術指導或電影企劃，你現在從事的策略規劃不就花了十年才獨當一面嗎？所以我會建議年輕人「該花十年的時間投資在技術和技能上」。只要專家應有的技能達到 60 ～ 70 分，再朝多個領域張開章魚腳，就會意外地能和別人一較長短。不過，可別在 30 分的時候當個章魚腳。

說得理想點，能夠達到 90 分的人就可以單憑一技之長當專家謀生。所以要先以這個為目標，「從事最喜歡或最擅長的事情，花十年達到 90 分」。我的建議是「只要能夠做到登峰造極，成為那個領域的專家就行了，不行的話也可以當個章魚腳」。實際上，文案寫作或策略規劃的專家，靠這一個領域就能維持終身的生計。所以我會說「你靠這個技巧就能吃一輩子了吧」。

要是沒以 90 分或 100 分為目標，也就根本不可能達到 60 或 70 分了呢。

沒錯。然後遇到挫折，就像我一樣，本來以 90 分為目標卻達不到，或許含淚當個章魚腳正好呢。

原來如此。我也是經歷了一番波折，最後花了十年才能說自己
擅於策略規劃。

用三年習得的技能很快就會變得普及化，因此認為自己是專
家的基礎其實並不穩固。這樣一來，只能維持幾年的飯碗。
不過，在選定一個核心技能之前，最好要非常慎重地挑選。
畢竟接下來要花上十年時間來磨練。

真是受益良多。謝謝你接受採訪。

Profile

真鍋亮平

電通第五創意企劃部部長
高階創意總監

畢業於一橋大學社會學院後,於1997年進入電通。曾任廣告企劃,2014年起擔任創意總監。2020年起兼任NewsPicks Studios的創意長。主要經手的工作為YouTube廣告「靠喜歡的事情活下去」、寶礦力水得廣告「寶礦力勝利之舞」和「寶礦力NEO合唱」等。榮獲坎城國際創意節(Cannes Lions)金獎、克里奧廣告獎(Clio Awards)金獎、亞太廣告節(ADFEST)大獎、全日本創意聯盟(ACC)獎及其他國內外眾多獎項。2020年獲選為年度創意人(Creator of the Year)。

第**3**章
「思考」
就是「作圖」

只有文字的企劃書
和簡報資料不夠理想

想必很多人覺得自己不擅長透過圖像表達吧？

我們常會看到有人用Powerpoint製作企劃書／簡報資料，卻幾乎沒有圖像，清一色是文字。難得用了可以輕鬆處理圖像的工具，真是可惜。

善用圖表，既能比單靠文字更迅速而直覺地傳達自己的意圖，也可以分享概念。

又或者自己一個人思考時，也可以釋出成圖像，進而拓展構思。

這一章將會說明運用圖像的方法。

不只是企劃書／簡報資料，所有商務文件主要使用的圖像，可分為①圖表、②圖片／影片、③概念圖這三種。

① 圖表

圖表是最容易使用且使用頻率最高的圖像。最適合呈現銷售額或使用者人數的變化，以及特定業界的市場占有率等。畫成圖表之後就可以綜觀整體資料，基於這個進行各式各樣的分析和研究，可說是商務文件中必不可少的圖像。

另外，既然是根據已經存在的資料，所以製作的門檻最低。只要使用 Excel，就會自動幫忙將資料畫成圖表，無須思考圖像的結構和花工夫作圖。

② 圖片／影片

企劃書或簡報資料當中，也常會用到照片／插畫之類的圖片。另外，簡報當中也常看到嵌入影片的資料。

圖片或影片適合傳達文字無法傳達的具體形象。

比如將競爭商品統統羅列出來，或是藉由照片或插畫分享受眾的形象，這樣就能以直覺方式傳達單憑文字難以傳達的事情。

準備圖片時要付出相應的心力，像是尋找符合形象的圖片並解決著作權問題，有時還要重新拍攝，但也的確會帶給觀看者強烈的衝擊。

③ 概念圖

這一章想要告訴各位的是概念圖的畫法和用法。

雖然在企劃書或簡報資料當中，插入圖表或圖片就足以傳達的案例也很多，不過難得都要作圖了，就再花一道工夫，

用概念圖呈現自己的想法，進而以更正確的方式傳達想要傳達的事情。資料的獨創性也會格外提升。

當然，沒有必要硬性使用概念圖。但若單憑文章和圖表只會延伸出「無趣的資料」，就要探討是否要添加概念圖。

因為只有文字的內容要花時間好好了解，而且圖表雖然適合用在根據資料來分析／研究時，卻不適合展現什麼新觀念。

因此，藉由添加概念圖，就能吸引聽者，正確傳達自己的想法。

不要逃避作圖整理資訊

許多人會在企劃書／簡報資料當中添加圖表或圖片，但很少人會加入概念圖。說得更白一點，許多人似乎會避免使用概念圖。為什麼呢？

因為概念圖當中沒有「正確答案」。

圖表有數字作為基礎，圖片基本上則是從現有的東西（圖庫照片等），挑選出符合形象的「正確答案」，淺顯易懂。

相形之下，概念圖基本上是要表達「自己的想法（假設）」，使用方式的自由度也高，但使用時需要具備某些思想、獨特的主張或根據等。必須釐清「為什麼是這張圖」、「想要傳達什麼」。

換句話說，沒有正確答案的狀態下，需要靠自己的頭腦

思考，所以許多人才會覺得製作概念圖很棘手吧？

反過來説，要是許多人覺得概念圖很棘手，不常使用，懂得使用應該會是很大的優勢。

光是能夠描繪和使用概念圖，就能凸顯你的企劃書或簡報資料充滿「自己獨特的想法」，做出不同於其他人的差異化。

另外，藉由使用概念圖，就可以傳達靠圖表或圖片傳達不了的事情。

比如觀看其他人描繪的概念圖，會不會覺得「對方將自己想説的話漂亮地畫成了圖」？

概念圖的特徵是能妥善整理人類在頭腦當中思考的事情，以視覺的方式呈現。這是圖表或圖片做不到的。

比如市場的狀況、受眾的心情、各項措施之間的關係，若想以淺顯易懂的方式傳達你對這方面的想法，使用概念圖就會幫助很大。假如想要傳達自己的想法，就不能逃避使用概念圖。

為了推動討論而繪圖

相信各位已經明白概念圖的效用了。話雖如此，但既然原本就「沒有正確答案」，或許在還不熟練的時候會抗拒給其他人看。

為了克服這一點，一開始就不要把目標放在描繪完美的

概念圖上，而是要在磋商會談或會議當中，從「為了推動討論而繪製概念圖」做起。

我自己常會為了推動討論而繪製概念圖。這時會注意以下兩點。

① 磋商會談當中當場畫圖示範
② 畫出不止一種型態再展示出來

「①磋商會談當中當場畫圖示範」是熟練畫圖非常好的方法。就因為是當場畫出來，那個當下頂多只是假設，所以不見得一定要正確。另外，既然也不會讓客戶和其他外部的人看到，也就沒必要畫得很漂亮。

我在2020年新冠疫情以前實際面對面磋商會談時，每次都會在白板或手邊的筆記本上畫圖。另外，即使線上會談成了常態，也會用 PowerPoint 畫簡單的圖，並在分享畫面的同時討論。

我也很推薦「②畫出不止一種型態再展示出來」。

我們可以畫出 2 ～ 3 個不同的型態，討論哪張概念圖接近商品形象，以及應該前進的方向。

這時的目的與其說是「得出正確答案」，不如說是要提出討論用的資料。

要在會談當中多畫幾張圖會費點工夫，但在討論陷入膠著時，就可以藉由概念圖劃分和提出方向，有時也會一口氣推動討論。

最近線上會談成為主流，用滑鼠或觸控板在PowerPoint畫圖的機會很多，但果然還是贏不了用紙和筆。

用電腦或平板作圖時常會操作錯誤，耗費時間。另外，再怎麼樣都會注意到畫面的尺寸，為了在空白內畫完，也可能會在無意識間省略資訊或加工處理。

所以，接下來要挑戰概念圖的人，請先從用紙筆描繪做起。紙上可以在嘗試和犯錯多次中學習，比較能夠自由拓展構思。

案例：討論企業未來時所用的圖

這裡要介紹我實際畫過的概念圖，實在非常簡單，許多人應該會發現「原來這樣就夠了」，感到鬆了一口氣。

下圖是討論某家新創企業的受眾時所描繪的文氏圖（Venn Diagram）。

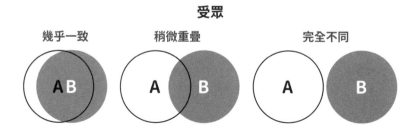

這家企業的產品有兩種（假設是 A 和 B），各有受眾。當時想要先討論各個產品和受眾的關係處於什麼樣的狀態，於是就畫了圖。

目前這兩種產品的受眾「稍微重疊」，要討論「將來怎麼擴展受眾」。

不只是現在的狀態，將來的狀態也可以一併討論，這是概念圖的優點。假如最終目的是「連同需求一併正確掌握」，只要實施量化調查即可，但在這之前的階段中，只需簡略到這種程度，將型態化為有形以供討論就夠了。

下圖是討論某家新創企業的成長策略時所描繪的文氏圖。之前的主題是「怎麼擴展受眾」，這次的主題則是「要攻占哪個市場」，畫法就和之前一樣。

關於獲得市場

從原有的市場／品類擴張　　市場／品類位在原有的地方之外，要加以開創　　依序獲得市場／品類

B市場　　A市場　　　A市場　　B市場　　　C市場　　B市場　　A市場

以新創企業常見的課題來說，就是必須決定「雖然剛開始獲得 A 市場，但之後要何去何從？這時該擴張什麼樣的服

務或公司的品牌？」

新創企業這時正需要調度幾億日圓的資金，也需要實施大規模的宣傳，所以這種討論會很多。

基本上，左邊的成長型態「從原有的市場／品類擴張」雖然中肯，但與身為客戶的經營者討論，聽取對方的說法之後，發現也談論到正中央和右邊的型態。為了將猶豫該做什麼決定的狀態化為可見，我就畫了上一頁的圖。

接著是某家戶外用品類企業的案例。

這時是使用象限圖（Quadrantal Diagram），探討「要在哪裡獲得新顧客，要怎麼樣獲得粉絲」。

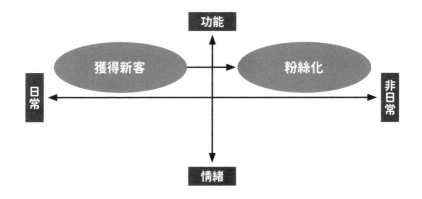

象限圖的重點在於設定軸線。

這家企業當中雖然有「功能與情緒」和「日常與非日常」這種相反的要素，不過兩者都有價值，無法捨棄。

繪製圖像是為了思考「要怎麼活用相反的價值」。這時的重要課題在於讓該企業的價值／資產扮演正確的角色，討論這件事時圖像會非常有幫助。

概念圖只要四種就已足夠

　　雖然在目前的案例當中展示過幾張概念圖，但我平常工作上使用的都極為簡單。

　　世上有種類五花八門的概念圖，也出版很多說明圖解或繪製圖像技巧的書籍。然而，我自己認為沒有必要使用複雜的圖像，只需極為簡單的四種就夠了。

　　複雜的圖像製作起來很麻煩，也要求觀看者具有高超的素養，作圖的門檻會一口氣提升。另外，還要花時間和精力說明圖像的內容到對方了解為止。搞不好會無法傳達重要的事情，或是讓討論進行不下去，因此我個人不太推薦。

　　我推薦的概念圖有以下四種。

① 象限圖
② 文氏圖
③ 流程圖（Flow Diagram）
④ 步驟圖（Step Diagram）

　　假如只要這些就已足夠，使用概念圖不就變得容易了嗎？

我的工作當中常會用到文氏圖和步驟圖，象限圖和流程圖的使用機會很少。大家不妨將自己工作當中使用機會多的概念圖練熟。

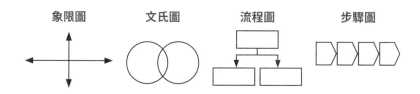

象限圖　　文氏圖　　流程圖　　步驟圖

── 象限圖的關鍵在於「軸線的設定」

製作象限圖時的關鍵在於以下兩點，那就是「不要以大小之類的優劣來設定軸線」和「不要設定理所當然的軸線」。

下方的圖是想像飲食服務後再畫出來的，假如像左圖一樣以「好吃」、「不好吃」或其他能夠簡單分出優劣的東西來設定軸線，則不管再怎麼想都一定是「好吃」比較好，只會得出理所當然的結論。

假如像右圖一樣設定為「清爽」和「濃郁」，哪種才好就會因人的喜好而異。這種軸線設定比較容易產生出「意義」。

象限圖不以優劣來設定軸線，而是以形容市場定位的詞彙來設定

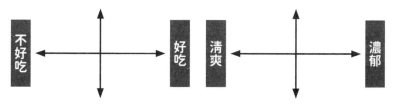

不要設定理所當然的軸線，是因為這樣就無法導向新發現和新決策。

說到餐廳，就會馬上想到美味度或內部裝潢之類的軸線，但除此之外，以待客品質或商業模式之類的要素來設定軸線或許也不錯。

以下列舉幾個設定軸線的例子。

· 低價←→高價
· 隨興←→講究
· 簡單←→多功能
· 質←→量
· 多變←→專一
· 在地化←→擴展全國
· 因循守舊←→追逐趨勢
· 天然←→人工
· 玩心←→老實古板

言詞的意義會依照品類而變，需要連語病一併探討。

尋找新軸線的方法五花八門，不妨先針對一個主題，替軸線做各式各樣的變化，重寫多次後，再找出看起來能夠妥善歸納的軸線。

藉由文氏圖呈現重疊和包含的關係

文氏圖是表示兩個以上集合關係的作圖法之一（這裡只會介紹集合為兩個的案例）。

比如在呈現受眾之間的重疊，或是呈現每個受眾的包含關係時，就很適合。

兩個集合的關係就只有以下三種型態，用於討論「現在處於什麼樣的狀態」、「將來想要以什麼樣的狀態為目標」之類的問題時。

文氏圖的三種型態

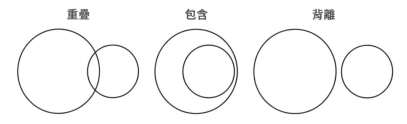

就如前面的案例說明的一樣，文氏圖會用在推敲受眾時、探討品牌管理（Brand Management）或擴張到將來想要獲得的市場時。

關於受眾方面，要是討論前沒有釐清多個受眾是彼此「獨立存在」、「部分重複」還是「帶有包含關係」，研究具體措施時就會失焦。

另外，討論品牌管理、獲得新市場或「將來要怎麼擴展」時，使用文氏圖也會淺顯易懂。

　　比如「直接擴展」，還是「往不同於現在的方向擴展」，對企業來說就是重要的決策。用文氏圖呈現後就可以將差異化為可見，能夠當作討論的出發點。

藉由流程圖呈現因果關係

　　流程圖常用於展現因果關係時，或許是這次介紹的四種概念圖當中最容易繪製和使用的。流程圖主要有以下三種型態。

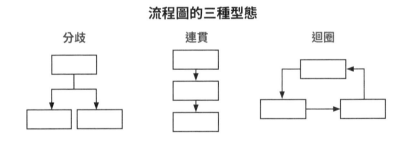

流程圖的三種型態

分歧　　　　連貫　　　　迴圈

　　左邊的「分歧」會用在將銷售額拆解成單價和個數時等場合。拆解要素的方法也在第二章「『思考』就是『劃分』」介紹過。

　　正中央的「連貫」常用於三段論證。比如將大前提→中前提→結論連接起來，歸納想說的話時就會用到。

　　我推薦的則是右邊的「迴圈」。

這常用於說明 PDCA（Plan-Do-Check-Act，循環式品質管理）時，相信知道的人也很多。其實這種圖的通用度出乎意料地高，彙整之後容易產生附加價值。

世上有很多陷入迴圈的事情。因為每天都有很多人重複做同樣的事。比如很多人每天早上出門前會洗澡刷牙，這種習慣也是其中之一。

我們要替這種迴圈的狀態繪製圖像，思考「該怎麼樣才能改變每個人的行為」。

藉由步驟圖呈現變化

步驟圖是以一次元的方式，將事情的順序、工作步驟或其他變化整理在軸線上。

流程圖的兩種型態

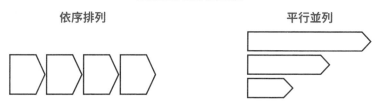

依序排列　　　　　　　　　　　　　平行並列

步驟圖常用於管理行程表，除此之外也能用來劃分專案步驟或階段。

另外，步驟圖也適合歸納受眾的心理變化（感知或潛在

需求的變化）。比如呈現出最先是「知道商品」，其次是「感興趣」，再來是「想要購買」的變化。

此外還可以用在同時執行多個步驟時。比如「特定時期內只出現過三天的工作」和「只要公司存續就要天天進行的常態工作」，就可以上下排列，化為可見。不妨想像成專案管理使用的甘特圖（Gantt chart）簡易版。

了解紙本作業的樂趣就會成功

前面也提到，用白板或 Powerpoint 也可以畫圖，但我自己還是覺得使用紙筆最容易學會。

對我來說，拿著筆面對紙張的時間是相當奢侈的時光。當自己腦中的東西能夠自由擴展到紙上就會有快感。對於「不擅仔細思考」、「不擅作圖表達」的人，我會認為「明明這麼開心，卻沒能嘗到這個滋味，實在很可惜」。

或許不擅作圖表達想法的人，認為「不想暴露自己的腦袋當中沒有了不起的想法」。不過，事情絕非如此。

照理說每天從事工作，或是處理生活所需的各種大小事當中，一定會思考些什麼。只要將那些想法以簡單的圖畫出來就行了。接著再展示給別人看，假如能夠順利傳達出去，就可以體驗到巨大的成就感。

這一章主要是在說明四種概念圖，但不必獨獨拘泥於此，

請找出自己心目中容易繪製的圖解方式。首先要和紙張面對面，享受思考和繪圖的樂趣。工作是享受其中的人才能勝出。

─── 練習題（76～77頁）

　　試用以下四種方法，替你自己的主題、工作上經辦的商品／服務的使用者和受眾畫圖，並分別說明是以什麼樣的觀點來畫出圖像。

① 象限圖

　　試以圖像呈現與競爭公司和競爭服務的定位差異。

② 文氏圖

　　試設定多個應當鎖定的受眾／使用者，用圖像呈現重疊或包含關係。

③ 流程圖

　　試以流程圖呈現你在工作中迴圈進行的PDCA（循環式品質管理）。

④ 步驟圖

　　試以圖像呈現將來這一年來想要推動的事情。

　　相信畫流程圖或步驟圖的人也很多吧？

　　象限圖或文氏圖則需要一點訣竅，但重點是要先畫畫看。另外，和同事或朋友一起工作的人，不妨試著比較各自畫出的圖像，交換意見。

主題「　　　　　　　　　　　　　　　　　　　　　　　　」

① 象限圖　　　　　　　　　② 文氏圖

③ 流程圖　　　　　　　　　④ 步驟圖

主題 「 　　　　　　**咖啡連鎖店**　　　　　　 」

① 象限圖

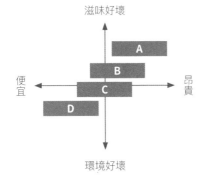

② 文氏圖

③ 流程圖

④ 步驟圖

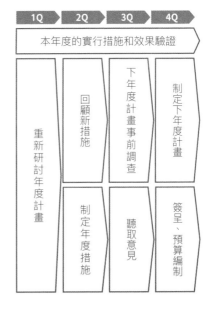

創造附加價值

附加自己思考出的「全新價值」，
才算得上「工作」

構思企劃書和點子時不只要單純歸納資訊和想法，還需要創造「附加價值」。

附加價值是其他人想不到的獨特價值，要你自己思考才有意義。工作當中，誰都能想出來的企劃或點子沒有價值。

當然，創造附加價值的能力不只是從事「思考」工作的人需要，所有的商務人士都必須具備。假如能夠創造附加價值，不但工作能夠順利進行，自己也能製造工作機會。

中級篇（第四～七章）將會說明創造附加價值時，該怎麼吸收和活用資訊。

第4章
「思考」
就是「知曉」

——— 我年輕時為了激發靈感而做過的事

當時隨著我進入電通逐漸熟悉業務，要想出促銷點子的工作就慢慢增加了。因為是廣告代理商，所以各種商品的宣傳、促銷、網路行銷措施及公關等，想出點子的工作就會發生在日常生活中。

剛開始我很開心，積極努力思考點子，點子卻沒有順利獲得採用，就連自己也很難覺得想出的點子「不錯」。明明從求學時就一直想要從事思考點子的工作，卻一直處在懊悔當中，不能盡如人意。

為了改變這個狀況，我決定「要比誰都還了解廣告和促銷的案例」。具體來說，就是在「RSS 閱讀器」（RSS reader，發布網站更新資訊的工具）訂閱廣告類的部落格或新聞網站，每天不斷觀看最新案例。

藉由每天觀看一百篇左右的文章，我變得比周遭任何人都還要熟知案例。結果，雖然點子還稱不上完美，卻可以想出部分能用或足以供團隊成員參考的點子。

這則故事的重點並不是表面的「大量吸收資訊」。我想表達的是「每個人在沒有知識的情況下很難思考點子」。

假如閱讀這本書的你天資聰穎，或許沒有任何知識就能不斷想出點子。然而，世上包含我在內99％以上的人並不是這樣的人。

另外，假如詢問活躍在第一線的優秀人才，就會發現大家從年輕時就持續大量吸收資訊。

換句話說，想要想出點子就只有一個方法，那就是吸收新知再根據這個構思進行思考。「想不出點子」、「不懂得思考」的人，請先從吸收做起。靠自己的努力來增進知識，有意識地持續吸收資訊吧。

廣告提案的流程

那麼，該怎麼樣吸收資訊呢？

首先需要從「能夠怎麼活用在眼前的工作上」來思考。

我從事的廣告業界當中，提案的流程就如下圖所示。相信其他業界多半也是類似的流程。

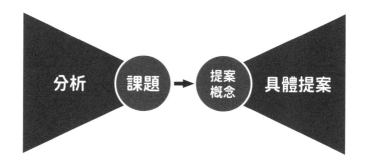

通常是從左向右行進。

剛開始要進行「分析」。

通常會實施桌面研究（Desk Research，坐在桌前調查二手資料）或使用者調查等。接著會分析調查的結果，設定必須解決的課題，最後再將解決課題用的提案概念簡要地歸納成一句話。

提案概念不見得非要歸納成一句話。但就算不是一句話，也必須用淺顯易懂的詞句加以彙整，好讓全體關係人士能夠了解或共享。

接下來會說明具體提案的階段中，與提案概念相關的詳細具體措施。

這裡要介紹我過去經辦的高價耐久消費財數位儀器案件，作為範例。

這個市場的市占率幾乎由兩家龍頭公司掌握，許多使用者會從這兩家龍頭公司選擇其中一家的商品。電視廣告也在同樣

時機實施同樣的促銷活動，商品／品類幾乎沒有差異化。

我負責的客戶在這類商品／品類當中，雖然有低價這項優勢，卻因知名度低，以致於市占率在5％左右。市場幾乎由兩家龍頭公司獨占。

課題設定方面，採訪使用者的結果，查出最大的問題終究還是「使用者沒有將該公司的產品列入購買的選項中」。

於是傳播概念就定為「第三種選擇」。而且這句話不只當作傳播概念，還當作廣告標語用在電視廣告上。

雖然展開大規模宣傳也是一個原因，不過促銷活動成功，客戶的市占率得以翻倍達到10％，取得了顯著成果。

就算是類似電視廣告這樣的大規模促銷，就算是網路數位促銷活動，就算不是廣告工作，思考流程也和這則案例一樣。

因為資訊量一多，人就無法了解重點。所以想拿出成果，就必須先用一句話歸納「課題是什麼，該做什麼」。

根據第82頁的圖，設定課題時若想提升左邊分析的精確度，就必須知道商品／服務、市場、競爭對手及受眾。

另外，若想提升右邊的精確度，則必須知道解決課題的方法。

比如說，我們必須知道媒體知識或廣告手法，以便安插在商品／服務的功能或具體的提案中。

這裡的關鍵有以下兩點。

第一點在於吸收可分為「短期吸收」和「中長期吸收」這兩種。

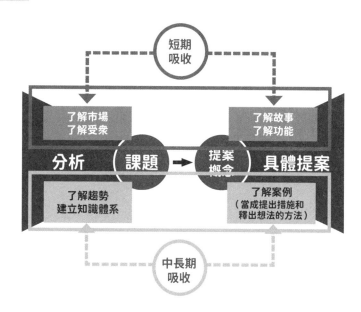

短期吸收是要吸收所需資訊，以便完成眼前的工作，當工作出現後就要進行。

相形之下，中長期吸收則是決定自己想要學習的技能或希望強化的領域，從平常就不斷吸收相關知識。我們需要先認識兩者的差異。

第二點則在於中長期吸收可分為兩種，一種是為了分析課題設定所使用的吸收法，另一種是思考具體提案時所使用的吸收法。換句話說，就是需要特意拆解已吸收的資訊再加以理解。

吸收資訊的方法

具體的吸收方法可分為以下三點加以說明。

① 短期吸收

② 中長期吸收

③ 決定自己希望強化的領域

首先要劃分成短期吸收和中長期吸收加以衡量。中長期吸收就如前面所言，不只是用於課題設定，還要決定自己希望強化的領域，建立蒐集相關資訊的機制，再劃分出要持續吸收的知識。以下將分別針對①～③加以解說。

短期吸收資訊
要「快速綜覽，深入探討」

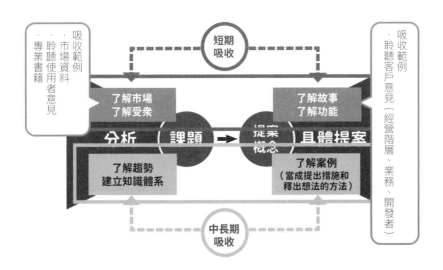

首先要說明位在圖像上方的「短期吸收」。

關於左上方的「了解市場」，只要活用Uzabase公司的SPEEDA或其他綜覽和了解市場的服務，就能高效蒐集資訊。另外，假如需要解釋資訊，則可以閱讀幾本關於業界的書籍（入門書和專業書）。

我特別重視的是聽取使用者意見，以便了解受眾。這樣做的目的多半是掌握實際情況，深入詢問「現在的使用者有什麼樣的感覺？」、「你正在使用什麼樣的商品／服務？」、「將來想要鎖定的客層會怎麼想」。

比如前面提到的數位儀器，不只是要聽取使用者的意見，也要詢問家電量販店的工作人員，這是因為在家電量販店購買的使用者很多。

對於使用者，要詢問涉及購買決策的事情，像是「現在你正在用什麼？」、「為什麼你會選這個？」、「購買的起因是什麼？」。

另一方面，對於家電量販店的工作人員，則要詢問實際待客時的溝通方法，像是「銷售這個的時候是怎麼待客的？」、「要是顧客提出這樣的問題會怎麼回答？」

就像這樣，要配合對方的立場改變詢問方式。

不過，使用者或家電量販店的工作人員，充其量只能從自己的立場談論自己的意見，別真的照單全收。對方可能是

顧慮我方，也有可能是在帶風向。所以需要綜覽和解釋當初聽取的內容。

另外，關於右上方的「了解故事」和「了解功能」，要注意的不只是刊登在企業網站法人資料或說明資料上的資訊，還要記得向經營者、開發者、業務負責人，以及其他與商品／服務相關的所有人士，詢問其背景故事和想法。

比如我以前負責一家新創企業，對方提供 B to B（Business to Business，企業對企業交易）導向的 Saas（Software as a Service，軟體即服務）。當時就詢問過經營者關於品牌的部分，像是「你是出於什麼樣的起因想到這項服務並設法提供」、「你想要解決顧客什麼樣的課題？」、「將來你考慮發展出什麼樣的服務？」

而在聽取業務負責人和顧客負責人的意見時，提出來的問題則是為了掌握顧客的課題或潛在需求，像是「顧客承擔什麼樣的課題？」、「顧客引進／使用服務是期待什麼？」。

聽取意見當然多半是為了顧客的潛在需求，但除此之外還另有目的，就是要了解經營者和相關人員對於商品／服務的想法。

他們的想法不見得會獲得顧客或受眾的好評。但若提案當中沒有適當添加這些想法，讓企業方覺得「一定要實施這項提案內容」，那就沒有意義了。換句話說，就因為客戶本身「自己想做」，才會提升熱忱，也才能提高策略成功的機率。

中長期吸收資訊
要「鎖定特定領域，建立體系」

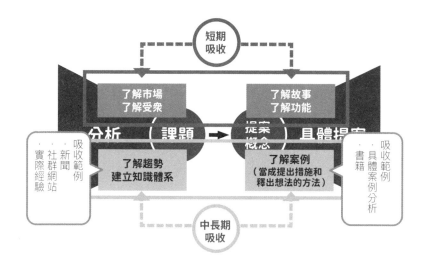

接下來要講解「中長期吸收」的方法。

關於「了解趨勢」，關鍵在於觀看新聞或社群網站，或是走訪和親身體驗話題地點。即使只實際體驗過一次，光是與閱讀網路報導文章相比，也會獲得龐大的經驗值。

這一章的開頭也談到，我年輕時做過最有效的方法是使用RSS閱讀器。Feedly這項服務很有名。

只要訂閱想要蒐集資訊的新聞網站或網路媒體，就可以在Feedly上檢視所有的更新資訊。沒有必要一一到處查看網站，效率非凡。

我現在也會使用Feedly，訂閱會發送行銷類資訊的網路媒體。

另外，就算使用Google快訊，也可以有效率地得知自己想要知道的領域資訊。只要設定關鍵字，就會透過電子郵件通知網路上有相關的新聞。我會訂閱正在負責的客戶企業名稱。這樣一來，每天都可以掌握關於客戶的新聞。

右下角的「了解案例」可以讓人懂得怎麼釋出腦中的想法。假如想要學習了解案例的能力，我會建議蒐集／分析覺得適合的具體案例和閱讀書籍。

許多與行銷有關的雜誌／書籍上都有豐富的案例，視情況閱讀彙整了企業成功故事的書籍或許也不錯。

我現在也會在Feedly上訂閱廣告類的網路媒體，試圖蒐集具體的促銷活動案例。

另外在雜誌方面，我會訂閱《宣傳會議》或《BRAIN》之類的廣告類月刊，觀看彙整了品牌管理成功案例或社群網站活用技巧的商管書。

透過雜誌可以吸收趨勢，透過書籍可以吸收體系化知識。

雖說統稱為廣告企劃，不過方法也是五花八門，假如是行銷的話方法就更廣泛。要思考「解決眼前課題的最佳方法是什麼」，就需要了解世上有什麼樣的方法，分別扮演什麼樣的角色，有沒有效果。因此閱讀將知識體系化的書籍會發揮作用。

決定「自己希望加強的領域」

關於中長期吸收，首先該決定自己希望加強的領域，再重點式蒐集相關的資訊。世上資訊龐大，統統網羅是不可能的。

我和年輕人說話時，經常談到「你想加強哪個領域」，不妨和下一頁的圖一樣，以職能和職業／產業來劃分和歸納。

這裡歸納的是我自己的職涯。

首先在職能和職業／產業的地方畫線。

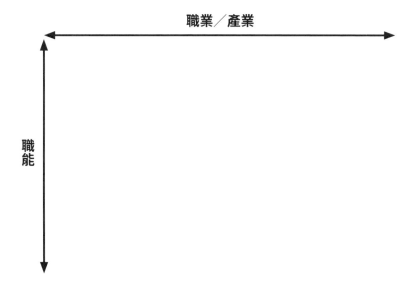

羅列職業／產業時也會包含自己擅長的產業。只要想到現在和從前以終身雇用的前提不同，轉職是理所當然，也就懂得要綜覽其他產業了。

我曾經遇過 B to B（Business to Business，企業對企業交易）
或 B to C（Business to Customer，企業對消費者交易）的客戶，
範圍廣泛，最近也有很多客戶是新創企業，所以將「新創企
業」放在正中央。項目調查就選接近自己的領域即可。

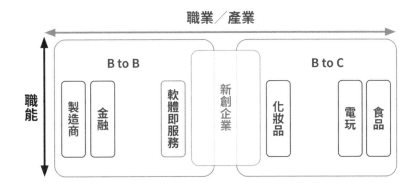

下一個是職能，就是自己做得到的事情，也就是技能，
定義無須太嚴格（涇渭分明反倒比較難）。大略將「現在自己
做得到的事情」和「將來想要擴展的技能」寫下來。

職業／產業

職能

| 行銷傳播策略 |
| 品牌管理 |
| 整合行銷傳播設計 |
| 公關 |
| 電視廣告 |
| 其他媒體廣告 |
| 數位行銷 |
| 付費媒體　口碑媒體（社群網站）　自有媒體 |
| 活動、門市措施 |

將職能和職業／產業倆倆互相對照，就可以看出自己屬於什麼職業／產業，能夠做什麼（職能）。

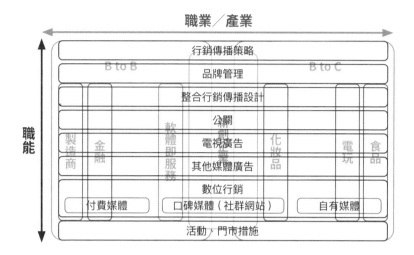

藉由選擇擴展職能或擴展職業／產業，就會擴展自己擅長的領域。

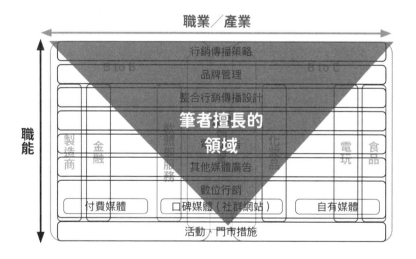

我是策略規劃師，主要的工作是品牌管理或廣告傳播的上游設計。

另外，我還兼具企業對企業交易和企業對消費者交易的經驗，從大企業、中小企業到新創企業，負責過各種規模的公司。

現在負責的新創企業比上一份工作更多，相信是從周圍的人得知我的「擅長領域」。

另外在策略部分，上一份工作是以電視廣告為中心，以思考品牌策略或傳播策略居多，現在則是想要進一步擴展擅長的領域，於是換了工作。

我把目標著重在加深許多人花時間用的社群網站相關知識，連同以往大規模行銷的經驗一起建立體系，特意將圖中的三角形往下擴展。

養成吸收資訊的習慣

這一章〈「思考」就是「知曉」〉，講解的是「思考的關鍵莫過於先知曉（吸收）」和實行的方法。

關於短期吸收，許多人會努力「針對眼前的工作蒐集所需的資訊」。

不過，真正重要的是中長期吸收。別人口中優秀的人從平常就會切實執行中長期吸收，質與量都很優異。話雖如此，

突然要提升質與量會很難，所以要先把目標放在養成中長期吸收的習慣。

據說人類的身體在三個月內就會替換掉所有的細胞。同樣的，假如特意改變流通在自己身體和大腦裡的資訊，相信三個月左右，自己體內的資訊品質也會大幅改變吧？

養成吸收的習慣，改變自己的資訊體質，這正是本章真正想要傳達的觀念。

練習題（96～97頁）

現在試著重新審視自己採用的短期吸收和中長期吸收方法。

短期吸收

你要調查出公司賦予自己新主題時該怎麼努力去做的吸收方法，再研究「有沒有不足之處」、「有沒有追加後會更好的方法」。

中長期吸收

首先列舉出你平常持續吸收的資訊。其次歸納職能和職種，決定「自己想學什麼技能」。最後研究如何掌握該學習的技能，落實到每天的行動上。

關於短期吸收，最理想的做法是將自己心目中好用的方法組合起來。我們要詢問周圍的人或進行調查，找出最適合

使用的方法。

　　中長期吸收會直接決定你將來想變成怎樣，突然要你「開始做這個」會很難吧？另外在職涯規劃方面，請參考其他相關主題的書籍。

　　中長期吸收最重要的是持之以恆。要是沒有持續做下去，就一點意義都沒有。我們要在每日的生活當中，多方嘗試負擔又少又能天天持續的方法。假如從一開始就幹勁十足過度吸收，就會在途中喘不過氣，極可能不會持續到中長期。

短期吸收

中長期吸收

短期吸收

- 閱讀不只一本目標業界的書籍
- 活用網路服務，掌握業界資訊或主要參與者的動向
- 到Google快訊訂閱「主題」和「目標服務類型」，閱讀新聞
- 詢問熟悉目標領域的人

中長期吸收

- **平時的吸收**
  - 透過Twitter（現更名為X）觀看廣告業界和行銷相關人士的發言或資訊
  - 觀看「寒武紀宮殿」、「蓋亞的黎明」、「世界經濟衛星」（WBS，WORLD BUSINESS SATELLITE）、「Gacchiri Monday」之類的新聞節目

- **想要學習的技能**
  - 掌握關於廣告產出的最新案例
  - 關於社群網站的體系化知識
  - 行銷新知
  - 吸收人事方面的管理相關知識

- **要執行的事情**
  - 使用Feedly吸收廣告／行銷領域的知識
  - 觀看《宣傳會議》、《BRAIN》及其他每個月發行的廣告類雜誌
  - 參加關於社群網站或行銷的研討會
  - 閱讀關於人事方面的書籍

Interview

ADK Marketing Solutions
企劃總監
杉浦充

─────● ## 徹底做好思考的準備工作

杉浦先生做企劃時是怎麼動腦的呢？請告訴我們企劃的步驟要
怎麼進行。

我的立場與其說是思考策略，更像是思考戰術，常要提出所
謂的促銷創意。不是突然要想出點子，而是撥出很多時間做
好思考的準備工作。

準備工作具體來說可分為「了解內部」和「了解外部」這兩種。

了解內部就是所謂的「了解商品」，了解客戶的商品特徵和
想要凸顯的魅力。我負責的案件以電玩居多，但絕不會沒玩
過那款遊戲就提案。我會要求自己瘋狂地玩，甚至到客戶和
公司內部成員都感到驚訝的地步。只要有空，我不是在玩遊
戲，就是看YouTuber的遊戲實況。有時練功練過頭，排名比
客戶負責人還要高，而且還順勢參加那款遊戲的官方電競大
賽（eSports）。雖然覺得有點過頭，但以這種方式練功後，就

會懂得 USP（Unique Selling Proposition，獨特銷售賣點）和玩家的心情。這正是練到了「不思考也行」、「瞬間就想出來」的境界。

原來如此，要花時間徹底了解商品。那麼，了解外部是什麼呢？

了解外部就是天天蒐集（吸收）資訊。假如了解自己負責經營的商品是了解內部，了解除此之外的所有要素就像是了解外部，於是就這樣稱呼了。

比如社會上正在流行的現象、其他公司有趣的促銷案例、嶄新的科技，或是新出爐的廣告清單⋯⋯了解外部就是泛指吸收跨領域的資訊。

有句話說「點子除了既有要素的新組合之外，什麼也不是」，誠如這句話所言，點子冒出的方式往往是將上述獨特銷售賣點之類的內部要素，搭配社會流行之類的外部要素。只要透過這個步驟思考，商品「應有」的企劃就會輕鬆成型，所以要記得從這兩方面吸收資訊。

可以麻煩你傳授具體的吸收方法嗎？

了解內部就如以上所述，要竭盡全力「專心接觸商品」。反觀了解外部則要使用 RSS 閱讀器 Feedly 和圖片社群網站 Pinterest。首先要使用 Feedly 將想看的新聞彙總到一個地方，天天閱讀。

比如說，只要訂閱廣告業界的新聞網站、自己負責經營的業界新聞網站或統整網站，以及客戶的新聞稿等，資訊就會自動彙集過來。接著再專心閱讀這些內容，選出當中想要事後回顧的資訊，存在Pinterest上。

就是從Feedly歸類到Pinterest對吧。

Pinterest的優點是能夠和圖片（縮圖）一起儲存。視覺上一目瞭然，馬上就可以想到是哪個案例，非常管用。以前只會存成文字或網址，相比之下Pinterest比較適合回顧。原本這個方法是熟悉數位的晚輩在用的，因為方便就跟著仿效了。

Pinterest內的圖版（board，儲存圖片的地方）也很好用。我肩負許多促銷規劃師應盡的職責，會依照措施類別劃分儲存位置。

比如說，覺得有趣的影片就劃分到「movie」的圖版，OOH（Out of Home，戶外廣告）措施就劃分「real promotion」的圖版，商業合作（tie-up）就劃分「tie-up」的圖版，類似這樣。假如在腦力激盪時已經決定點子釋出的範圍，需要回顧圖版時就會很好用（不過，讓其他人看到會很難為情，所以設定為不公開）。

跟客戶溝通討論時，「因為有實例所以更容易解釋」應該也很常見吧。

是的，就是這樣。對客戶說話時會從這裡擷取其他公司的

案例。從這個觀點來看，我會建議大家依照策略類別劃分 Pinterest 的圖版。在公司內做簡報也是一樣，非常管用。

之後要想點子時有沒有什麼關鍵呢？

前面提到，只要做好事前的準備工作，之後就看怎麼搭配資訊了，所以要一面回顧儲存的資訊，一面開始想點子。

我會思考「商品的獨特銷售賣點之類的內部要素，要怎麼搭配事先儲存的外部要素？」剛開始不要太過限縮，總之就是先想很多出來。通常是一口氣寫在紙上。

之後就要進入限縮的步驟，要留下幾個「這或許可以擴展」的東西作為核心創意。剛開始腦力激盪時，釋出的想法可能會雜亂無章，但最後則該以一條龍的方式提案，所以要把點子串聯起來，或是歸納成促銷故事。

比如有個案子是擁有很多核心粉絲的電玩或 IP（Intellectual Property，智慧財產），這時就要思考「能不能做到將內部要素活用到促銷故事裡」。

將內部要素活用到促銷故事裡是什麼樣的概念？

假如能把遊戲／IP 的特色追加到促銷當中，就更能做出商品「應有」的企劃，更容易讓每個粉絲開心。

比如有個 IP 的特徵是「主角會不斷進步／等級會逐漸上升」，替這種 IP 促銷時，就要在促銷的階段中搭配「原作的進步次數」，或是讓命名符合「原作的稱呼」。單發的創意企劃就不

用說了，就連相關的促銷故事（流程）都要散發出那個IP的風格。

IP的故事和規則會反映在促銷故事上呢。

是的，就是這樣。不好意思要你幫我換句話說（笑）。想點子就不用說了，設計故事也一定要先了解商品。尤其是有核心粉絲的商品，能否促銷到讓他們覺得「你很懂」，往往就會分出高下，實在要當心。

了解商品（了解內部）要當成企劃當中的「態度」，沒有理由不做。不管遇到什麼樣的商品都要徹底摸熟。總覺得為了努力了解商品而撥出的時間，比實際思考企劃的時間還要多。

最後你有什麼想要教給年輕人的嗎？

這次談了蒐集資訊之類的「準備工作」。因為年輕人很難憑藉廣告的知識和經驗，贏過前輩級的工作人員。不過，前輩很忙沒有時間，不會徹底做到這次介紹的了解內部和了解外部（當然，有的前輩再忙也會做到這些，真可怕……）。

年輕時的自己也是很菜，但新手期比較容易撥出時間，體力方面也可以努力熬到半夜。雖然企劃能力還不夠格，但只要徹底做到這些，也有機會展現屬於自己的價值。縱使沒有獲勝，歷經這段過程之後，也能以自己的方式輔助前輩吧？

的確，重要的觀點在於年輕時要靠什麼來展現價值。

沒錯。不過，蒐集資訊實在是相當單調的工作，很難持之以恆，這也是事實。我也是這樣，再怎麼樣都還是三分鐘熱度。所以「如何養成習慣」也很重要。

比如在固定的時間和地點執行。我搭電車時一定會用智慧型手機看 Feedly。上班前 30 分鐘也會這樣做，比起一天一次做完，分開做絕對比較輕鬆。還有，自從遠距工作之後，就可以趁開會之間的空閒時間輕鬆做。哪怕是 5 分鐘的空閒時間，總計起來也可以輕鬆累積到一天 30 分鐘。各位不妨找出能夠持之以恆又不讓自己痛苦的方法。

持之以恆的祕訣也值得借鑒。謝謝你接受採訪。

Profile
杉浦充
ADK Marketing Solutions 股份公司
企劃總監

2010 年進入 ADK。主要從事電玩相關／形象人物相關的促銷企劃和連帶的媒體企劃（media planning）。他秉持「自己比誰都具備粉絲眼光」的信條，每天晚上都致力於提升遊戲性。擔任 ad:tech 東京官方發言人（2019 ～ 2022 年），宣傳會議教育講座講師，並在「促銷會議」上連載關於電玩促銷的專欄。

第 5 章
「思考」就是
「發現違和感」

當前輩級創意人詢問
「要怎麼制訂計畫」時浮現的想法

當我從電通離職時，就以此為由和各式各樣的人吃過飯。其中一個人就是 S 氏，他曾獲選為創意部門的年度創意人。以往和對方一直都沒有交集，但在辭職前不久收到邀約，接到僅此一次的工作。

S 氏問我：「筧老弟，你是怎麼做企劃的呢？」

策略規劃的觀點和創意觀點的想法不同，因為有這個前提在，所以很猶豫要怎麼回答。假如是具體案件的企劃就知道要怎麼說明，但慚愧的是，直到 S 氏詢問的那一瞬間之前，我從未以「怎麼做企劃」這種宏觀的概念思考過。

我稍微想了想，從口中說出以下這句話。

「就是從經驗中深入挖掘有『違和感』的地方。」

我完全認為自己是個平凡的人，根本無法從自身內心產生任何想法或創意。

廣告人並不是從自己身上思考企劃或點子，而是以商品、服務、客戶的想法、受眾的生活或潛在需求為起點。

我目前為止做過各種客戶請託的工作，做新案件時會擷取與過去自身經驗相異的部分，再從中思考。

另外，即使在工作以外的私生活當中，我也會遇到各種職業的人，體驗各種服務。也常會從私生活的經驗中，擷取與以往相異的部分，再從中思考。

總而言之，就是「根據經驗思考」，這一章會講解「重視在以往的經驗中沒感受到的違和感，從這些違和感出發來思考」。

違和感是指偏離「自己心中平衡點」的程度

說起來，違和感是什麼？

而且，要怎麼將違和感活用在「思考」上呢？

假如在某個網路辭典查詢「違和感」的意思，就會有段說明是「感到不對勁」、「覺得不協調」。然而，這段說明與其說是詞意，不如說是單純表示現象，這才真是讓人「感到不對勁」。

我認為，一個人在面對所有的現象時，自己的內心當中都會有個平衡點，換言之就是那個人心目中的常識。雖然幼兒經驗少，本來就沒有平衡點，但在成長到某個程度累積經驗後，應該就會覺得「這和之前遇到的不同」、「我心目中的○○不是這樣的」，也就是「感到違和感」。換句話說，就是因為自己的心中有個平衡點，也才會覺得有違和感。

　　比如「荷包蛋上淋醬油」，對我來說就是極為理所當然的常識（當然，也有不這樣做的人）。

　　所以，當我看到有人偏離這個常識，就會產生異樣感。我看到「荷包蛋上淋番茄醬的人」會覺得「這人的喜好有點怪怪的」，看到「淋上醋的人」則會嚇一跳。

　　每個人都有平衡點，偏離就會覺得有違和感。另外，離平衡點的距離越遠，驚奇就會變得愈大。

距離越遠越容易感受到違和感

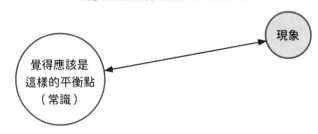

　　講這個有點離題了，廣告業界中有個說法是「製作外國廣告很困難」。

比如日本人製作要在巴西推廣的廣告時，就必須了解廣告推廣國的居民有哪些常識、習慣及潛在需求，再企劃出直指人心的廣告，但外國人要滿足這項條件難上加難。

比如說耶誕節。

日本對耶誕節的印象通常是「耶誕節＝年輕人成雙成對共度」，但在歐美則多半是跟家人共度。

要是不知道這項差異，日本人在歐美經辦耶誕節促銷活動時，就會以「伴侶共享」為前提製作廣告訊息。換句話說，就是偏離那個國家的常識。

要是沒有了解那個國家的宗教、文化、國民性、地理條件、經濟發展的狀況或社會情勢等，就算製作再多的廣告訊息也沒有效果。說不定最糟的情況是違背人情而遭輿論砲轟。

違和感也和這個一樣。每個國家和每個人都有平衡點和常識，所以違和感也會因人而異。

研究許多客戶和商品／服務後所得到的平衡點

我在電通工作十五年左右的經驗當中，曾經面對數不清的客戶，研究行銷措施或廣告措施再提案。經辦過的案件從低價商品到高價商品，從店面生意、電子商務、網路服務到智慧型手機app，種類繁多。

其中既有自己想做的工作，也有公司提供的工作。不過，無論是什麼樣的工作，我都努力去了解商品／服務、客戶及受眾。

所以培養出的行銷措施、使用者的潛在需求及顧客旅程會累積在自己的心中，不過累積的東西會形成平衡點，所以要整理和深入挖掘偏離平衡點而感到有違和感的部分。

或許大家會覺得有的人「經歷過各種客戶的工作，可以辦到這種事」，有的人則是「資歷尚淺，無法勝任」。

但事實絕非如此。照理說許多人從求學到出社會至今，既有過各式各樣的經驗，也會從中培養出平衡點。

另外，為了思考企劃而吸收資訊時，要特意製造兩個平衡點，這樣也就會產生違和感。關於這一點將會在下一節說明。

思考兩種平衡點

為了工作而思考時會有兩種平衡點，分別是「商品／服務的平衡點」和「行銷措施／對策的平衡點」。

意識到兩種平衡點

商品／服務的平衡點　　　　行銷措施的平衡點

商品／服務的平衡點是「社會上許多人認知到的特徵」。

假如你任職公司的商品獨一無二，平衡點就只有那項商品，但大多數情況下都會有競爭商品，要掌握包含競爭商品在內「整個品類具備的特徵」。

若以我喜歡的啤酒來比喻，日本的啤酒就是以「皮爾森式啤酒」（Pilsner）為平衡點，其特徵在於「口感不錯，褐色很深」。

另外，假如是液晶電視，最近當紅的是薄型款，平衡點就是也能看YouTube、Netflix或播放其他網路影片的機種。

就像這樣，幾乎所有商品／服務都有平衡點，能夠形諸言語表達。

啤酒相關商品／服務的平衡點

滋味	清爽、帶有口感
顏色	褐色
價格	200 ～ 300 日圓

假如是廣告代理商，行銷措施或對策的平衡點就是「許多企業實施的廣告措施」。即使是廣告以外的職種，工作當中也一樣要「實行措施」，所以請各位想像自己工作當中符合的平衡點。

再次以啤酒為例，許多啤酒廠商實行的措施是「打造夏

天可以飲用冰啤酒的地方或店面，再做公關宣傳」，或是「播放電視廣告宣傳冬天搭配火鍋一起暢飲的啤酒」。

或者，假如是服裝店，就可以鼓勵 LINE 好友註冊，或是引進優惠券或點數制度，促進回購。

就像這樣，或許措施和對策需要將各個企業的實施內容調查到某個程度，但將平衡點形諸言語是可行的。

啤酒行銷措施的平衡點

門市	門市提供環境讓人能夠飲用美味的啤酒
活動	夏季露天啤酒園（beer garden）
電視廣告	表現出搭配當季美食暢飲的感覺

藉由特意整理「商品／服務的平衡點」和「行銷措施／對策的平衡點」，就可以從各個平衡點中擷取出偏離的違和感。這樣極可能可以從中思考該做的事情，或是活用違和感締造獨創性高的企劃。

案例：因為違和感而成功的人才／轉職服務的廣告策略

以前我負責過經營人才／轉職服務事業的客戶。

加入人才服務事業的公司規模不一，風格各異，包含大型企業、中小企業及新創企業等。各家公司主要的獲利來源是仲介費或平臺使用費，屬於高報酬率體質，服務內容各家公司大同小異，差異化優勢不大。因此，許多公司會透過電視廣告或其他媒體廣告獲得知名度，讓人第一時間想起自己，進而吸引使用者。

另外，這時實行的行銷措施或對策多半是電視廣告或數位廣告，要弄清楚受眾是誰。廣告訊息常會分成給年輕人看或給高層人士看，也常會以特定職種分類如工程師等。再者，廣告還多半會搭配「滿意度第一名」之類的事實描述。

以上就是人才／轉職服務的「平衡點」。

思考時要以這個為起點。我負責客戶的服務特徵在於「刊登很多員工的口碑資訊」。考慮換工作的人，能夠藉由觀察轉職目標企業的口碑，得知第一手資訊（實際的工作方式、公司內部的氣氛等）。「口碑資訊很多」就是與平衡點之間的差異。

所以，我決定凸顯這個部分再實施促銷活動。競爭企業的電視廣告或貼在火車站的廣告上，常會以服務名稱和第一名來招攬顧客，不過當時我直接活用實際的口碑描述，當作廣告素材。因為是目前為止前所未見的廣告創意，所以在社群媒體上引爆了話題，成功提升服務知名度。

專業人士在思考之前
就會發現違和感

專業人士自己的心中已經有了一個平衡點，看到某個現象時能夠立刻感覺到不協調之處。這不只是廣告業界或商務，科學、藝術、運動及其他所有領域都適用。

就如專業運動教練看了學生的姿勢之後，也會馬上察覺到不對勁一樣。他們用頭腦思考前就能發現情況和理想的型態不同，因此產生違和感。接著他們能將如何修正這些不對勁的地方轉化為具體的指導語言。

同樣地，我也會在閱讀其他人寫的企劃書，或是聆聽對方談論企劃內容時，感覺到「流程或邏輯不佳而產生違和感」。事後我會進一步思考「為什麼流程不夠順暢」。換句話說，順序是先感覺到違和感，之後再分析違和感的本質。

經驗一多，思考之前比較容易憑直覺發現有異樣之處，但若問經驗淺的人是否做不到，答案則並非如此。

就如前面所言，特意歸納「商品／服務的平衡點」和「行銷措施／對策的平衡點」之後，就會找到不對勁之處。因此，要先記得意識到平衡點，並在每天的生活當中累積相關經驗。

練習題 (114 ～ 115頁)

　　試針對你自己的主題，以及工作上經辦的商品／服務，透過以下兩種平衡點加以歸納。另外還要思考偏離這些平衡點並產生違和感的案例。

· 商品／服務的平衡點
· 行銷措施／對策的平衡點

　　一般的工作當中大概都會設想這兩種平衡點，相信將平衡點具體化為言語沒有那麼難吧？

　　首先，無論是自己的工作也好，其他公司在做的事情也好，要找出偏離平衡點的案例。接著再考察「為什麼會有這種偏離平衡點的商品？為什麼會執行這項措施？」

主題「⌐   ⌐

商品／服務的平衡點

商品／服務的平衡點

▢	
▢	
▢	
▢	

措施／對策的平衡點

行銷措施的平衡點

▢	
▢	
▢	
▢	

主題 「 啤酒 」

商品／服務的平衡點

啤酒相關商品／服務的平衡點

滋味	清爽、帶有口感
顏色	褐色
價格	200 ～ 300 日圓

偏離平衡點的案例	**Sapporo 牌 White Belg 啤酒** 白啤酒的德文稱為「weizen」， 價位也是 100 ～ 150 日圓的便宜價。

措施／對策的平衡點

啤酒行銷措施的平衡點

門市	門市提供環境讓人能夠飲用美味的啤酒
活動	夏季露天啤酒園
電視廣告	表現出搭配當季美食暢飲的感覺

偏離平衡點的案例	**一天一杯的定期制服務** 每個月 3000 日圓就能在餐廳一天喝一杯的 定期制服務

第6章
「思考」就是
「做出假設」

靈感有無數個「正確答案」

許多人想點子時會試圖找出「正確答案」，但這大錯特錯。

假如在學校唸書或考試，就會有一個正確答案，不過工作現場中需要的點子沒有絕對的解答，反倒有無數個正確答案。首先必須改變心態。

我看年輕人的企劃書時，也不會指出這個點子正確與否，而是會說「所有的點子都是正確答案」、「首先要記得想出很多點子來」。

其實在工作上，有些事情必須比企劃或點子更早想。

那就是「問題」、「課題」及「策略」。

決定這三項之後，就需要企劃／點子作為「戰術」（具體來說怎麼作戰、要做什麼）。

以下將分別說明。

「問題」是指妨礙「應有模樣」的狀態。

「課題」指的是為了消除妨礙因素而應當解決的具體關鍵。我們必須直接解決的事情就是「課題」。

而「策略」指的是「為求抵達目標的行動計畫／大方針」，「戰術」指的是「抵達之前個別的步驟或行動」。

比如公司苦於達不成銷售額目標時，情況如下：

問題：無法達到銷售額目標

課題：為了獲得新顧客，需要讓顯在顧客層知道自己

策略：投資在提升知名度的措施上

戰術：做計程車廣告

以腦力激盪想點子的常見型態來說，就算冒出「很讚」的方案，事後回顧時也會覺得「這個不能用」、「這是為了什麼而做」。為什麼會變成這樣呢？因為跳過「問題」、「課題」及「策略」的部分，只提出了「戰術」。

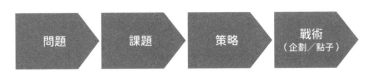

這裡的重點並不是要依照以上順序思考，而是要意識到「課題和策略要成套」。只要設定出高明的課題，就會找到高明的策略，但要突然辦到這件事是不可能的。

以前面的例子來說，「課題和策略要成套」就像這樣：

課題：為了獲得新顧客，需要讓顯在顧客層知道自己
策略：投資在提升知名度的措施上

就因為釐清課題是「顯在顧客層不知道自己，所以沒有新的洽詢」，才能設定出「提升知名度」加以解決。

假如情況不同，換成「明明知道卻沒有來洽詢」，原因是「沒有妥善傳達服務的價值」。這時的課題和策略如下：

課題：沒有妥善傳達服務的價值
策略：重新定義服務價值，並有效傳達

就像這樣，課題和策略需要成套思考。

這時的關鍵是要具備「課題假設」和「策略假設」。

許多人會說，只要閱讀成功案例的介紹文或詢問負責人，就可以清楚劃分課題和策略。不過，這只是單純的結果論，事後歸納的說詞。實際上，獲得成果之前應該會經歷各種嘗試摸索或迂迴曲折的過程。

因此，沒有必要突然間就尋求正確答案。
首先要思考課題假設和策略假設。
另外，課題假設和策略假設不必只有一個，也可以各有好幾個。

因為一件事當中，通常原本就有不只一個必須解決的問

題和課題，所以會列舉和調查幾個正在思考的問題和課題。

　　實際上可以運用的時間和金錢有限，多個課題和相對應的多個策略不可能統統做完，需要限縮數量。

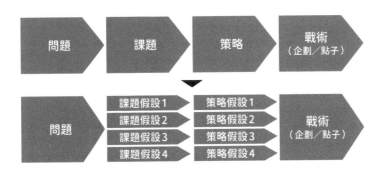

假設是「假如的預設」，
不必害怕出錯

　　商務現場上，投資新事業或措施時，不花錢或盡量不花錢，嘗試許多對策是家常便飯。

　　另外，最近開始「從小規模做起」，在一定程度的期間運用 PDCA，驗證功效，覺得「行得通」才大手筆投資，諸如此類的型態也正在增加當中。

　　比如網路廣告就是容易從小規模做起的領域。我們可以按部就班，花費小額資金刊登要發布的廣告片段和條幅（Banner）圖片素材，找出能夠生效的模式後，再投入大筆預算。

另外在決策時，決策者往往必須要能憑直覺了解「為什麼這可以產生效果？」。

當然，有時也能從資料分析推導出來的因果關係來了解，但也不能不承認，許多時候要憑直覺來了解。

這個時代需要的能力是「擁有多個課題假設的能力」。比如可能性不高亦可找出「這裡有課題」的能力，就是許多工作現場追求的東西。

而且，假設就是「出錯也沒關係」、「可能性小也很好」，所以無須害怕建立假設。我們要不斷想出假設來。

建立假設的步驟

假如要在企劃的步驟中追加建立假設的步驟，就需安插「調查」、「建立假設」及「驗證假設」這三步。

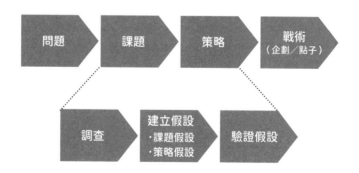

要籌畫課題和策略，就要：①實施調查，②建立假設，③驗證假設──以上的順序幾乎不會改變，我自己也認為遵守這些步驟很重要。

推動專案時也常會遇到「為什麼不順利」、「談話沒有進展」，沒有釐清課題的情況。這時就要記得先弄清楚「必須解決什麼事情」，再查證「這是利害關係人的共通認知嗎」。

比如常見的盲點是，當自家公司的化妝品賣不掉時，就在釐清課題之前先思考「該怎麼做」。

說到販賣化妝品的措施，可以馬上想到一些常見的做法，比如「聘請網紅發布宣傳貼文」、「在Instagram上投放廣告」、「舉辦快閃活動」等。

「從想到的措施和看似可行的措施來思考」的時候，沒有釐清首要的課題其實應該是「賣不掉的理由」。

比如有時原因在於商品魅力沒有傳達給受眾，但或許能感受到商品魅力的受眾其實在別處。除非像這樣釐清課題，否則思考再多措施也無法提升效果。

因此，建立假設時的關鍵就在於調查。沒有吸收任何資訊就不會得出假設。首先要從調查和歸納做起。

觀看所有調查資料後
再建立假設不切實際

調查方法五花八門，像是桌面研究、閱讀專業書籍、深度調查、團體訪談及其他聽取意見的方式。首先要了解有哪種調查方法，思考「現在的狀況需要什麼樣的調查」再實行。

調查時要記得世上的資訊龐大，自己能夠吸收的量有限，「無法觀看和歸納所有的資料」。我們不妨以「宏觀視點→微觀視點」的兩階段來思考。

宏觀視點的調查是稍微看一下市場、業界及龍頭企業的銷售額等資料，大致了解之後，就可以消除策略的重大錯誤。

比如「應當鎖定的市場規模或受眾太少」這種錯誤就可以避免。不過，這樣子既不會偏離多數人的親身體驗，已經成為共通認知的東西應該也很多，不會有新發現。

為了要有新發現，就需要微觀視點的調查。這是藉由聽取使用者說法或深度訪談等方式，直接詢問受眾的意見，效率最好。

所以，為了建立假設而調查時，剛開始要以宏觀視點稍微了解整體狀況，同時以微觀視點著重在訪談上。

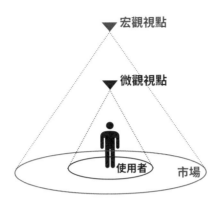

宏觀視點

微觀視點

使用者　市場

── 該去訪談誰？

要發現新的課題假設，進行訪談是很合適的。那麼該向誰問什麼才好呢？

聽取意見的對象大致可分為兩種。

① 詢問經營階層／員工的「關係者訪談」
② 詢問現有顧客／潛在顧客的「受眾訪談」

對於①經營階層／員工，要詢問自家公司或服務的課題或應當追求的方向。然而，職稱或職務不同的人，所認知到的課題或追求的方向理所當然會不同，要記得將這些歧見具體化。

比如經營階層會認為課題與銷售額直接相關，同時也會留意公司的未來發展。另一方面，現場的工作人員則會認為課題是自家部門的銷售額或推動操作的方法。藉由聆聽許多關

係人士的說法，就可以找出「整個組織真正的課題是什麼」。

我會建議各位詢問與顧客直接對話的人，例如業務部或對應顧客的部門。當我能夠花在調查的時間不多時，就只會詢問這些人。

②現有顧客／潛在顧客之類的受眾訪談，詢問的內容主要是「大眾怎麼看那項商品或服務」。

這裡必須注意的是「使用者絕不會說真心話」和「對方不會認真思考商品／服務」。所以不要真的聽信場面話，而是要試圖發現「為什麼這個人會那樣說」的背後根據或潛在需求。

另外，對方怎麼用字遣詞，也是了解受眾認知的關鍵。

接下來將會詳細說明詢問①②的注意事項。

從經營階層／員工身上推導出「課題假設」

訪談的目的是要從經營階層、員工或其他利害關係人推導出課題假設。因為利害關係人雖有各自的想法或考量，卻往往不會形諸言語。

訪談時常會聽到「現在／之前覺得這樣比較好」，或是「明明這樣說了卻沒有為我做／沒有拿出對策」。這樣的發言當中多半隱藏著沒有解決的課題，需要妥善引導出來。

照理說在這家企業工作的人會有以下的意見：「要是自己的公司這樣做就好了」或「其實我認為這才是問題所在」。

為什麼沒有說出來呢？因為「說這些並不是自己的工作範圍」。既然是員工，就有自己負責的範圍，要好好努力做完眼前的工作。但對於其他部分，往往沒有餘力插手，或是會被視為逾越職權，所以多半默認禁止。

我的經驗中，聽到這樣的意見之後，應當解決的課題幾乎就會浮現。人們常說「現場中有靈感」，我覺得這是真的。

另外，偶而在訪談之後會有驚人的發現。硬要說的話，「聽了好幾個人的說法後，課題就慢慢浮上檯面」或許會比較正確。

還有要記得聽取不只一個人的意見。藉由聆聽多人的說法，就會看出一堆人有感的課題共通點。這就是課題假設，通常會有好幾個課題假設浮上檯面，要事先根據這一點再訪談。

這裡介紹我實際經歷過的小故事。

這是我採訪某家新創企業時的事情。當時我詢問公司的強項是什麼，經營階層就說「我們很重視認同企業願景的粉絲，這是我們的強項」，但在詢問實際接觸顧客的員工之後，卻發現「認同企業願景的粉絲只有一部分」、「大多數顧客只評估價格和品質」。

最後我們決定研究以下這兩個措施：「提升服務品質獲得優良顧客」和「加深與自家粉絲之間的互動」，不過像這種經營階層和現場重視的地方脫節是很常見的。

關注多數人有感的課題

從現有顧客／潛在顧客身上推導出「策略假設」

訪談的目標是從現有顧客或潛在顧客口中推導出策略假設。針對自家公司的服務或商品訪談時，要深入挖掘「必須做什麼才會讓人願意購買」。

對於現有顧客，要詢問購買／使用商品的理由或起因，滿意或不滿意的地方是什麼，其中最關鍵的是「使用的理由」。

聽取意見時要記得「關於購買或使用的理由，使用者意外地不會說出真心話」。

比如就算實際上最大的理由是價格便宜，通常也不會回答「因為便宜才買」，而是會說「因為很滿意商品的品質」。當然，就算詢問「真正的情況是怎樣呢」也得不到回答，所以要拋出不只一個問題，讓當事人的真實心聲或潛在需求顯露出來。

關於顧客的真實心聲，我的經驗上是以下列型態居多：

‧遇到高級商品時很難承認「因為價格便宜才買」
‧聽很多人說「品質很好」
‧嘴上說「由自己決定」，實際上卻靠周遭人士的口碑
‧嘴上說「想要」，卻幾乎沒有實際購買
‧嘴上說「看過廣告」，卻幾乎不記得廣告的內容

就像這樣，有些事情難以答覆和啟齒，再提出問題或解讀其回答時，必須考慮這一點。

對於潛在顧客，要記得掌握以下問題：「原本就知道這項商品嗎」、「讓你知道商品就會願意使用嗎」、「知道商品也沒使用的理由是什麼」。

許多商品沒人買是因為「潛在顧客原本就不知道」，雖然公司試圖解決卻遇到一項難題，那就是「明明知道商品卻沒買」。

說到為什麼「就算知道商品也沒買」，答案就是單純「不需要」，原本就「沒有掌握到需求」。

然而，就算是這樣的情況，也可以藉由改變商品的表達方式、使用方式及宣傳時機，讓「需要的人」看到「需要的商品」，所以訪談的目標會是查出沒買的原因。

另外，這是我個人認為的重點，聽取現有顧客或潛在顧客的意見時，除了釐清上述疑點外，還要記得在決策時切換成受眾的視角。

我思考受眾的視角時也會描繪其人物形象（Persona），但通常不會這樣做，最好是持續訪談到建立自己心中的判斷標準為止。

我採訪的人數通常少至三～四人，多則二十幾個人，詢問二十幾個人之後，就可以懷著相當大的自信，做出策略或戰術的決策。

還有，當企業擁有自己的生意時，不妨建立定期採訪顧客的機制。因為要是沒有定期執行，自己腦中的顧客形象就會僵化，或是依照自己的主觀改變。

再者，顧客的說法非常重要，為了磨合公司內部的認知，我也建議定期舉辦訪談。這時公司內部的成員也能聽取／觀看意見，當作穩健推動行銷的素材。

案例：抗慢性病保健食品的「真正潛在需求」

這裡要介紹我負責行銷保健食品時的案例。

這個抗慢性病的保健食品是以中年男子為對象，於是我就在擬定傳播策略的工作中，思考「受眾的潛在需求是什麼，該怎麼傳達商品」。

當時我也採訪過幾個受眾。採訪之前跟客戶負責人聊到，「既然是慢性病，健康檢查的數值不就很貼近受眾的潛在需求嗎」，但才剛訪談沒多久，就浮現出完全不同的觀點。

這時浮現的觀點是，正因為明白自己健康檢查的數值不好，所以「平常一直忍耐」。尤其是看到餐廳的「豪華餐點」時，更會強烈感受到這種心情。

於是我就從訪談中發現受眾有「平常一直忍耐」和「豪華餐點」這兩個潛在需求，再以此為中心組合成傳播策略。

藉由量化調查驗證課題假設／策略假設

適合驗證課題假設／策略假設的方法，是一種叫做「訪談調查」的量化調查法。

從訪談中得來的課題假設或策略假設需要轉化成問題的形式，但在實際詢問受眾之後，就會驗證「有多少比例的人認為這是課題？」或「有多少人會對策略做出積極反映？」。

藉由量化調查驗證的理由，除了確定課題假設和策略假設是否正確外，許多企業做決策時也需要量化資料。

關於量化調查方法，這裡不會詳細說明，感興趣的讀者不妨閱讀相關書籍。

小規模和低預算時，也可以自行製作Google表單再實施。如果有一定的預算，則可以和調查公司洽詢進行。

我們要像這樣在每天的工作當中，認知並實踐「藉由訪談調查推導出假設，再以量化調查驗證假設」。

發現沒人知道的課題假設所帶來的快感

行銷的工作當中有許多耀眼的一面，像是商品開發、製作電視廣告及舉辦活動等。

然而，我個人認為行銷工作真正的醍醐味是「發現絕對必須要解決的課題時」。「雖然沒人察覺到，其中卻有龐大的可能性和機會」──就因為發現到這樣的課題，才會嘗到「思考」至高無上的快感。就這個意義上來說，發現課題假設就是最強的技能。

───・ 練習題（132 〜 133頁）

　　試針對你自己的主題，工作上經辦的商品／服務思考假設。思考該怎麼假設課題之前，要實際訪談以下的人。

課題假設：主要是經營階層／員工（接待顧客的人）
策略假設：主要是現在的顧客和可能的顧客

　　課題假設和策略假設需要分開思考，但在兩種訪談結束後再劃分也沒關係。

　　思考課題假設時的祕訣，就在於找出員工和其他關係人士「真正該解決之事」的共通點。

　　思考策略假設的祕訣在於，不要將對方的行為或發言照單全收，而是要想像對方背後的心情。假如有人和自己一起做這份工作，就分享彼此的假設並進行討論。

主題 「　　　　　　　　　　　　　　　　　　　」

課題假設

策略假設

主題 ⌈ **咖啡連鎖店** ⌋

課題假設

聆聽員工意見的內容

- 咖啡雖然好喝，為了咖啡而光顧的人卻不多
- 雖然有常客，卻是因為氣氛不錯而來，希望能夠促使顧客購買咖啡或附加餐點
- 社群網站上的口碑不多

> ### 課題假設
>
> - 傳達咖啡的品質
> - 在社群網站上激發優質的口碑

策略假設

聆聽顧客意見的內容

- 雖然覺得咖啡好喝，卻不清楚是哪裡好喝，也不了解店家在哪些方面有特別講究
- 雖然喜歡這家店，卻想不出什麼值得在社群網站上分享的內容

> ### 策略假設
>
> - 透過門市或社群網站散播本店對於咖啡的用心之處
> - 建立門市和顧客之間的交流，例如在社群網站上發文就可獲得優惠服務

Interview

電通創意總監
見市沖

—— **以親口告訴對方的心態思考價值**

見市先生平常是怎麼思考企劃的？

要是在家裡一直思考企劃不是會喘不過氣嗎？所以我會掌握很多企劃的切入點。今天在和你交談之前，我稍微列舉了一下，就如以下所示：

① 從商品的價值思考

要盡量精準分析這項商品「對誰來說有什麼樣的價值」、「要怎麼傳達才會有人想要」。

② 從品牌個性思考

現在幾乎所有的商品都變得大眾化，就連很多服務也變得大眾化。所以，就算是類似的商品，「具備什麼樣的品牌個性會更受到喜愛」也很重要。

③ 從受眾思考

「其實受眾會這樣想吧？」要想像受眾心中懷抱的情感，再從這裡開始思考。

④ 從社會思考

這種做法是掌握社會的潮流或社群媒體上的言論趨勢，了解「這樣的發言反而能引人注目」，並從社會的潮流中來制定企業策略。

之後再從以下角度思考：

⑤ 從藝人的角度思考

⑥ 從最近的趨勢思考

⑦ 從最近感動和喜歡的事情思考

謝謝你。你是依照優先順序從頭列起吧。用這個方法思考會花很多時間嗎？

我這個人非常想要認真思考「這個企業或商品對社會上的誰來說有價值」，所以①～④的比重會很大。只要確實做到這一點，哪怕表現手法再怎麼平庸，也會推動事情進行，順利傳播。

原來如此，所以①②③才重要啊。尤其是②「從品牌個性思考」更讓人覺得獨特。

現在自己的朋友、憧憬對象和企業的推特推文，不是都一樣當成資訊，以並列的方式傳過來嗎？因此，與社群媒體尚未普及的時代相比，企業或商品要是缺乏個性，就會讓人感覺完全接受不到任何資訊。

與其單純「提出有價值的資訊」，不如在字裡行間的背後流露出「這家企業是什麼樣的角色？」，這樣就容易打動大眾的心，這是我強烈的感受。

原來如此……附帶一提，品牌個性要怎麼塑造呢？

不是說什麼帥氣的話，而是像「假如以自己周圍的群體來說，就是那個人」的感覺。

比如團隊當中既有「自始至終都在耍笨的人」，也有「退一步觀察，能夠凝聚氣氛的人」，類似這種感覺。

某個群體當中的那個人看起來會受到誇獎，但企業在社會這個群體當中，要展現什麼樣的個性特質才會受到誇獎呢？我常會把這件事與自己具體的人際關係相對照來思考。

那就會從品牌的塑造直接牽涉到表現方式了吧。

許多相當一板一眼的企業或重視情感訴求的品牌負責人會找我商量，「我們也想要做些特別的事來引起話題」，這時就會談到品牌個性的話題。我認為不是模仿當前流行的東西，而是應該找到凸顯品牌個性的方法。

廣告業界常說「語氣和態度」（Tone and Manner），用品牌個性來定義似乎會塑造得比較立體。

說起語氣和態度，就會談到影像呈現或平面呈現，但在塑造品牌個性後，也可以輕易實施社會行動（Social Act）或品牌執行（Brand Action）的企劃。假如像「既然是這樣的品牌個性，就該對這個社會做出這樣的發言」，能以塑造品牌個性的形式深深扎根到客戶的心中，做起來就容易多了。

直接就可以用了呢，謝謝你的分享。最後想問的是，假如你要教年輕人「思考方法」時會怎麼做？

我會說「總之就是要先思考價值」。根本就不必寫出高明的文案，而是專心反覆思考「該怎麼樣才會讓對方真的想要」。
為什麼會這麼說呢？因為採納現在流行的方法，擷取社群媒體上流行的文章脈絡，只要對資訊敏感到某種程度，任誰都可以做得到。

作為一個傳播專家、廣告公司專家，我認為起碼要做到「用言詞命中對方的價值」，絕對不容閃失。

策略規劃師也好，文案寫作者也好，都必須果斷地說：「這對於現在的社會來說就是這麼有價值。」

這不是說謊或虛張聲勢，而是專心訓練自己思考，這真的會讓人想要嗎？否則架構就會不穩。所以若有人問我會教年輕人什麼，我會先幫他們進行「思考價值的訓練」。

我之前一直待在關西電通，前輩常對我說：「別在不能親口告訴對方的情況下，寫出感覺好像不賴的東西。要怎麼向自己的老媽，或是眼前坐在電車當中的女高中生談論這項商品？要設想自己會怎麼跟近在咫尺的人對話再寫出來，這樣訊息才會傳達到位。」我認為「親口告訴對方」是很重要的。

真是受益良多。謝謝你接受採訪。

Profile
見市沖
電通創意總監

以言語和影像為主軸，塑造整體品牌傳播。經手的廣告有「Pocky Sharehappi」、「出出出前館」、「開始用了TimeTree」、「寶可夢愛與自由」、「LIP BABY惡魔的環奈」、「龍族拼圖嵐系列」等。
榮獲2021年度電視廣告好感度排行榜作品別綜合第一名。

第7章
「思考」就是
「建立課題」

────・ 問題和課題的差異

上一章講解了課題假設和策略假設的觀念，這一章則要說明建立課題假設的方法。這也是因為在行銷上擁有課題假設最重要。就因為具備課題假設，才能推動關於行銷的各種行動。

首先，要從「課題是什麼」和「問題和課題的差異」開始說明。

問題和課題經常被搞混，剛開始必須事先正確認識兩者的差異。

問題和課題的定義和例子如下所示：

問題：正在發生的負面現象

例：銷售額與去年相比下滑

課題：為了解決負面現象而做的事情

例：為了彌補銷售額，想要開發能夠交叉銷售的商品

問題是「已經發生的現象」，淺顯易懂。

比如「銷售額上升／下降」，或是「跳槽加入公司的員工待不久」，任誰看了都會明白。

反觀課題對許多人來說相信是很難懂吧？課題不是「解決的方法」，而是「為了解決問題而做的事情」，但具體來說到底是怎麼回事呢？

這裡就以淺顯易懂的瘦身為例，說明問題和課題的差異。

問題：為了讓70公斤的體重變成55公斤，需要減掉15公斤
課題：
· 該怎麼樣在晚上九點之前用完餐？
· 什麼樣的生活週期可以讓人定期運動？

非常淺顯易懂對吧。

不過就算如此，要釐清課題或許也還是讓人覺得困難。然而，只要能像這樣釐清課題，就可以明顯看出解決問題的途徑，各位察覺到了嗎？

沒錯。只要能夠適當設定課題，問題就等於解決了一半。

什麼是課題？

為了讓各位輕鬆了解什麼是課題，接下來再以圖解來說明。

下圖的橫軸是時間。左邊是現在，右上是未來。反觀縱

軸則通常是銷售額或事業規模之類的目標，不過這次的瘦身範例當中則設定為「理想的體重」。我們需要朝這個目標邁進。

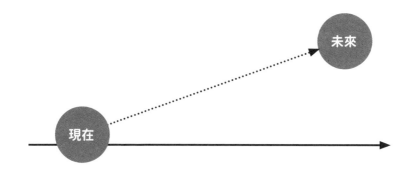

　　現在和未來之間有「差距」。以這次的瘦身範例來說，差距就是15公斤（70公斤－ 55公斤）。

　　另外，假如是照以往一樣不斷努力就能達成的數值，也不妨將達到那個數值的間隔視為差距。

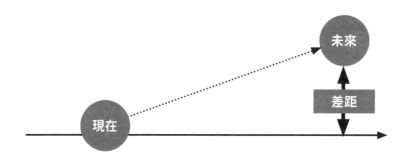

　　想要填補現在和未來的差距時，堵在眼前的障礙就是「課題」。這次的差距（問題）是「體重要減15公斤」，為了達成這一點，必須突破的障礙（必須解決的事情）就是課題。

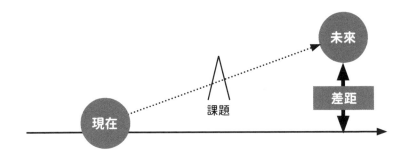

而解決這個課題的就是策略，執行的措施就是戰術。

那麼，該怎麼尋找應當解決的課題呢？

一個做法是像下圖一樣歸納成樹狀圖。這個分析方法常用於各種情境，尤其是數位行銷企業或顧問企業，多半會這樣分析。

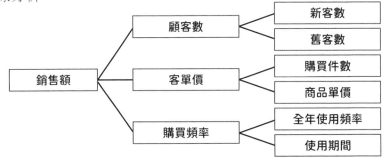

這個方法確實常用，能夠將資訊整理清楚，應該要先知道。

不過，只要像我一樣站在廣告公司策略規劃師的立場，就不能用這個方法揭露質性方面，尤其是受眾的行為或潛在需求，所以很難落實在品牌策略、廣告策略、公關策略及其他策略上。

高明的課題
可以幫忙一次解決多個問題

關於發現課題的視角，我有一句喜歡的格言。

這是世界知名電玩「瑪利歐」的創始人——任天堂宮本茂先生的格言。

點子是迅速解決多個問題的妙方

宮本先生製作「瑪利歐」時有則知名的小故事，那就是藉由讓形象人物在電玩中跳躍，克服多個限制（課題）。

不只是「瑪利歐」，宮本先生在製作各式各樣的電玩時會直接面對許多問題，屢屢遇到難以個別解決的狀況，或是需要獨力解決多個癥結點。

行銷也一樣。就算自己想要解決所有的問題，也沒有足夠的預算、時間及人員執行措施解決一切。換句話說，就是成本有限。因此，就和製作電玩一樣，需要用一個對策盡量同時解決很多問題。

為了找出課題，
就要整理「因果關係」

那麼，要怎麼找出方法解決多個問題呢？

所有的現象當中都有發生事情的原因，因此在找出課題時，要先整理現象和原因的「因果關係」。

下圖是針對瘦身，將想到的現象、原因及解決方案直接寫出來，再將看似相關的要素連接起來。

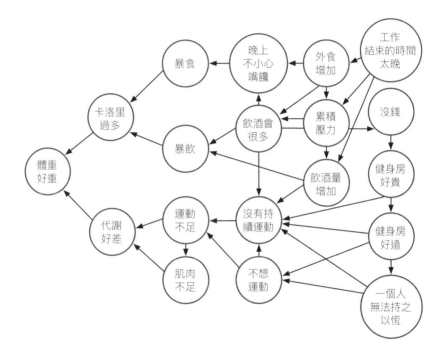

這張圖是為了撰寫這本書而準備的，只是將想到的事情大致歸納一下。但在工作中實際畫這種圖時，則要透過顧客訪談，細心調查要素。另外，不只是顧客的發言或行為之類的事實層面，也要將感情層面視為要素填寫進去。

話題回到瘦身的例子。

體重好重的原因可以是「攝取卡洛里過多」和「代謝低落」。

　　接著就將「攝取卡洛里過多」的理由從「暴飲暴食」逐步拆解。這些要素還可以藉由抽象程度細分，所以不妨先將想到的事情直接寫下來，再探討其抽象程度。

　　寫出來之後，接下來就用箭頭連接起來。箭頭表示要素之間的因果關係。

　　比如原因是「累積壓力導致飲酒量增加」→結果就「因為喝酒而沒有持續運動」。

　　一個要素不限於一個箭頭，一個要素有時也會連接不只一個要素。將要素連接起來後，就會發現人類的行為交織各種因素，相互作用。

　　整理之後，就要計算連接各個要素的箭頭數。

　　比如「飲酒會很多」，就寫上「6」。

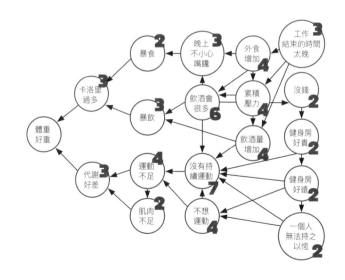

連接箭頭數多的要素就是必須解決的課題。因為與不只一個問題交織，所以在解決之後，很可能會一口氣解決各式各樣的癥結點。

　　這則瘦身的範例當中，連接箭頭數多的要素有以下兩個：

飲酒會很多：6個
沒有持續運動：7個

　　將這些化為課題或課題假設的形式後，多多少少需要加些推測，就如以下所示：

飲酒會很多＝該怎麼減少飲酒會，或是活用在瘦身上？
沒有持續運動＝要怎麼樣才能持續運動？

　　要減輕體重，不妨思考解決這兩個課題的方法。

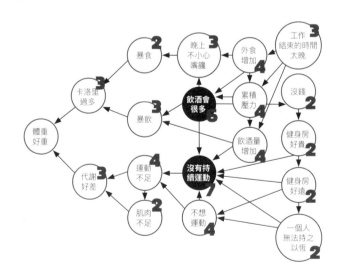

這種找出課題的方法，優點就在於能夠將許多因素和關聯的部分化為可見。解決這個之後，就可以將措施的影響最大化。這正是實現了宮本先生所謂「用一個點子解決多個問題」。

但在衡量銷售額之類的數值時就需要留意了。

這張圖不會呈現數值上的影響力大小，所以在將調查到的要素當成課題假設的同時，需要驗證解決課題之後會有多少量化效果。

以瘦身的例子來說，量化問題基本上就在於攝取和消耗卡洛里這兩個數值。

比如確實計算「平均一次飲酒會攝取的卡洛里是多少」之後，就要思考「能不能減少參加飲酒會的次數」、「參加時能不能減少飲酒量或用餐量」，再思考「減少之後，攝取的卡洛里能夠持續減少到什麼程度」、「不只是減少飲酒會，有沒有必要做運動來增加消耗的卡洛里」，這就是量化上的驗證。

假如是工作，就是在找出某個課題時計算量化效果，像是解決之後「銷售額會增加多少百分比」，或是「妨礙銷售額提升的因素可以排除多少百分比」。

當然，有時在預算和可行性的層面上能夠／不能解決，使用這個方法不見得就會成功。不過至少可以整理因果關係，找出必須解決的課題。請務必在平常的工作中試試看。

高明的課題設定會產生高明的策略

就如剛開始描述的一樣，只要能夠設定課題，在思考解決方案（＝策略）上等於是成功了一半。不過，拙劣的課題設定會產生拙劣的策略。因此高明的課題設定非常重要。

拙劣的課題設定是「就算說是課題，也不知道該怎麼辦」，或是「不管怎麼做都無能為力」。

換句話說，拙劣的課題設定絕大多數是將「問題」設定為課題。

前面說明過問題和課題的差異，我們再查看一次。

問題：正在發生的負面現象
課題：為了解決負面現象而做的事情

比如以下就是拙劣的課題設定：

· 銷售額離目標還差30％，希望可以增加
· 上期會員數沒有達到目標，希望下期可以扳回來
· 客訴沒有減少

這些只不過是將所有的問題當成課題，沒有指出應當解決的癥結點。這樣就「不知道該怎麼辦」，而且「不管做什麼都無能為力」。

遇到這種狀況，反倒該將課題設定為「找出銷售額不足的原因」，先專注在這件事上。

只要能夠設定出正確的課題，光是這樣問題就會解決大半。因為既可以輕鬆思考解決的措施，也可以輕鬆決策。

經常反思
「必須解決的課題是什麼」

　　各位在推動工作或專案時，有沒有遇過「好像不順利」而停滯不前的經驗？

　　當然，我年輕時也遇過好幾次，即使是現在也會偶而發生。

　　發生這種事的原因多半是「不知道必須思考什麼事情」。換句話說，就是「不知道必須解決什麼課題」。

　　因此，假如我在工作和專案上似乎停滯不前，就會經常反思「必須解決的課題是什麼」。

　　我從事上一份工作時，曾有個任務是「重新製作運動隊伍的贊助者清單」。

　　這支隊伍受到當地粉絲的熱愛，成績也很優異，所以當地企業決定要贊助，但大型企業則還沒決定。

　　原因在於大型企業做生意的對象是全國，覺得該隊伍的觀賽人數少，從廣告觸及數的觀點來說，難以找出價值。

　　當時不只是觸及數，還將課題設定成「具備影響力能夠喚起商品的興趣」，製作清單，但情況還是不順利。

所以我決定暫時先反思課題。

目前為止，我一直在思考以贊助者清單的形式販賣廣告版面。不過仔細想想，就察覺到「有必要為了讓大型企業當贊助者，特意販賣廣告版面嗎」。

運動隊伍有選手、粉絲及其他各式各樣的資產。只要活用這些，建立能夠開發商品的機制就好了。

所以我把贊助者清單更名為「創新夥伴」，並將企業和運動隊伍視為推動新創新的夥伴，依此架構重新設定課題。

像這樣反思「根本之道」，想一想「什麼會變成侷限」、「要改變什麼」，往往會成為前進的契機。

另外，人往往喜歡提出點子或具體措施，不過就算提出一個點子，別人也會認為這只是單純隨興所至。尤其當對方是企業時，要是沒有釐清「為什麼做這件事」，對方就無法做決策。

這樣的人不只要思考點子，還需要意識到該怎麼讓對方明白，採用這個點子之後能夠解決什麼樣的課題。

比如這時不要說：

「我們來實施快閃活動吧。」

而是要說：

「社群網站上沒有正面的留言。所以為了因應社群網站上的搜尋結果，我們來實施快閃活動吧。」

這樣一來就會增進說服力，輕鬆提出自己的點子。

練習題 (152 ～ 153 頁)

試針對你自己的主題，工作上經辦的商品／服務來整理因果關係，思考課題。找出課題的步驟如下：

① 調查要素
② 用箭頭連接要素的因果關係
③ 計算箭頭數

我們要深入挖掘「為什麼會發生那件事」，盡量調查出許多要素。

還不熟練的人或許很難調查出要素。不過，任何事都需要訓練。為了能夠發現課題，需要熟悉這道步驟。

另外，因果關係方面無須嚴謹的聯繫。只要連接自認為「看似有關」的地方就行了。最後需要量化調查來驗證其正確性，剛開始不妨以發現課題的心態來做做看。

整理因果關係和發現課題

「　　　　　　　　　　　　　　　　　　　　　　　　　　　」的情境

▼

課題假設

整理因果關係和發現課題

瘦身的情境

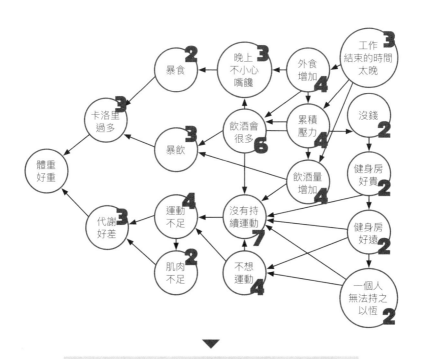

課題假設

- 減少飲酒會次數
- 持續運動

掌握提案能力

提案能力會打動人心

「提案能力」這個詞或許各位不熟悉，只需想成是「讓收到提案的人感受到提案內容的價值」就行了。

「思考」的目的多半是打動人心、打動團隊、打動客戶。所以就需要打動收到提案的人，讓對方覺得「這有研究的價值」、「一定要做做看」，做出決策。

要拿出成果就需要打動人心，要打動人心就需要提案能力。相信藉由特意思考和培養提案能力，你就能從事比現在更偉大的工作，獲得更大的成果。

第 8 章
「思考」就是
「重新設定目標」

── 一　工作或專案都必須要有「目標」

所有的工作都有「目標」。或許其中也有人覺得「自己的工作沒有什麼目標」，但只是難以看出，照理說一定會有。比如總務，就算難以看出這個職位對於銷售額的貢獻，卻會提升員工的產能。另外，即使是清潔人員，今天也可以比平常早點打掃乾淨，讓使用場地的人用起來心情愉快。又或者是餐廳的打工人員，就算沒有銷售額目標，也不妨將客人盡興而歸當成目標。

有目標是件好事。有了目標，就可以朝那個方向茁壯，實際感受到成長。能夠實際感受到成長，就會覺得充實。所以認識目標非常重要。假如能夠斷言「自己的工作絕對沒有什麼目標」，或許還是辭掉現在的工作比較好。

目標可分為短期目標和中長期目標。短期目標諸如「這星期要接 10 單」、「這個月銷售額要達到一千萬日圓」。反觀中長期目標則是「今年的銷售額要達到去年的 150％」。

另外，設定目標的方法五花八門。許多公司或專案會設定銷售額目標，或是像公司的人事部，將面談人數或錄用人數設定為目標。量化目標大致上會這樣設定。

不過，設定量化目標會有以下兩個問題。

第一點在於要設定量化目標，就必須設定短期目標和中長期目標，不過關鍵則在於能否讓數值具有意義。原本「數值的意義由誰決定」、「團隊成員可以接受嗎」就會是問題了。

第二點在於就算設定了量化目標，也沒有設定質性目標，換句話說，就是沒有設定「達成目標時要處於什麼樣的狀態」，團隊成員之間的認知會產生落差。

比如就算設定「一年內商品銷售額要達到兩倍」，不過那是「獲得少數粉絲熱愛，藉由重複購買達成目標」，還是「藉由許多人買 1～2 次達成目標」，狀況會大為不同。而這份不同會大幅影響之後的事業發展。

或者將目標設定成「產品品牌知名度提升 50％」時，要將品牌形象塑造成「洗鍊的工業產品」，還是「匠人一個個手工製成」，策略和戰術就會完全改變。

因此，不只要設定量化目標，也需要設定質性目標，進而磨合所有關係人士的認知。

這一章當中會說明設定量化和質性目標的意義和觀念。

另外，將這一章的標題定為〈「思考」就是「重新設定目標」〉的理由，就在於許多目標設定得很隨意。

比如許多企業往往沒有思考得那麼深，就將目標設定成「去年這樣，今年就這樣」或「達到去年銷售額的 1.5 倍」。

這種隨意的目標經過重新設定後，就會產生龐大的行銷價值。從這個意義上來說，「重新設定目標」就是「應當思考的事情」。

假如可以「重新設定目標」，當然會提升你本身工作的價值，不過能讓團隊全體成員朝同樣的方向邁進也是一大優點。

設定正確且吸引人的目標，讓團隊有所行動

原本工作應該要以「如何填補現狀和目標之間的鴻溝」為宗旨，但上班族的目標多半是公司給的，很多人或許沒有自己思考過。

除非是經營階層或管理階層，否則自行設定目標的機會就很少。

然而，事實上高明的策略多半產生於高明的目標設定。沒有說服力的目標，既不會提升完成任務的熱情，最後也無法達到目的。

所以，設定目標時多半是從經營指標細分而來，但這樣一來往往非常不吸引人，對於個別的員工來說，目標通常會可有可無。

　　設定的目標沒有說服力，許多人就不能積極推動工作。單純由上級強迫下屬「達成這個數字」，無法提振一個人的情緒和幹勁。

　　高明的目標設定有兩個關鍵。

　　第一個是要設定短期目標和中長期目標這兩項。

　　短期目標要設定成看起來可以達成且合乎現實的數值或狀態。不過，雖說是「合乎現實」，也不是指能夠輕鬆達成的目標，而是要花點力氣，所施加的負擔是努力就可以達成的程度。

　　另一方面，中長期目標則是將數值目標或狀態目標設定成努力也難以達成。假如設定成努力就可以抵達的目標，幾乎所有人都只會靠努力抵達（比如某段時期塞滿工作等）。

　　因此，要大膽將目標設定成單憑努力抵達不了，這樣就必須全力動腦想出點子。最後每個人就會學到以往沒有具備的新能力，也必須努力挑戰不同於以往的新事物。

　　比如將銷售額變成 2 倍，單憑努力或許可以設法辦到，但若設定為 10 倍，就不得不做異於以往的事情。比如不得不開發新商品，開拓新通路，或是摸索該怎麼和其他公司合作，這些都是在努力嘗試「新事物」。

第二個是要釐清「達成這項目標之後，將會開拓出什麼樣的世界」。

比如獲得某個領域中的第一名之後，就可以利用這項事實來促銷，與其他公司聯名，擴展行銷措施的範圍。

就像這樣，一個人要是看不出達成目標後會獲得什麼，就不會努力。大家要記得牢牢掌握達成目標的意義。

再重申一次，目標多半是公司給的，但就算了解給定的目標，也要自己重新設定──光是抱持這項觀點，就能讓自己向前邁進，進而成為推動團隊的原動力。

案例：運用社群網站帳號方面的目標設定

這是某家企業向我諮詢運用社群網站帳號時的事情。基本上使用社群網站帳戶多半是為了招攬客人，但從集客的觀點來看，社群網站的ROI（Return on Investment，投資報酬率）往往比數位的運用型廣告還差。換句話說，就是花費成本的意義不大。

許多公司雖然知道「必須要利用社群網站」，推動時卻對於「經營上有什麼樣的優點」含糊不清，無法積極投資。

我以前任職的企業也一樣，雖然知道為了獲得中長期的認知或心占率（Mind Share，指在眾多品牌中被消費者提及的

比例），活用社群網站會很重要，卻很難找到短期內投入成本的理由（優點）。儘管能夠掌握追蹤數、參與率或其他相關數值，但這和經營有什麼樣的關係，雙方並沒有連貫起來。

經過反覆討論之後，我提議「將短期目標設為在社群網站平臺該類別當中獲得追蹤數第一名」。

理由在於第一名這項事實可以活用在行銷上。比如將這項事實活用在廣告上，或是使用擁有第一名追蹤數的帳號，向其他帳號提出聯名方案。

結果，這項提議就成功獲得採納。

換句話說，就是在剛開始設定量化目標值，達成後的下一個階段提出質性價值，讓對方感覺有意義。

這時的量化目標是追蹤數幾萬人，質性目標則設定成「該類別的第一名」，藉此跟負責部門的人一起朝共通的目標邁進。

設定量化目標時
不能只顧自己公司的排程

量化目標當中的短期目標多半設定為每月和每季，中長期目標則多半設定為每年。當然，這個數字很重要，也是為了朝達成目標邁進所需。

然而，光看自家公司內的指標，也感覺不到這目標多有吸引力。當然，能夠達成目標確實開心，卻難以了解達成目標對社會有什麼意義，幹勁也不會提升。要消除這一點，我建議將自家公司以外的視角納入量化目標中。

藉由自家公司以外的視角設定量化目標時，可遵循兩個標準。

第一個是業界標準。像是「獲得比競爭企業多的市占率」，或是「提升平均客單價」，藉由銷售額以外的視角，提供高於其他公司的價值。

第二個是社會標準。要思考能否對整個社會提供價值，而不是贏過競爭企業。

比如思考像是提升顧客滿意度或回購率之類的數值，或是降低廢棄率等環境對策。真正具有意義的並非短期的銷售額，而是將自己工作的本質價值具體呈現出來。

附帶一提，伊隆‧馬斯克（Elon Musk）經營的 SpaceX 會趁著經營 IR（Investor Relations，投資人關係）的機會，發表「每單位的太空運輸成本」。馬斯克揭櫫人類進軍火星的願景，為了實現這一目標，降低輸送成本至關重要。不只是經營指標，追求這項指標也提升 SpaceX 許多關係人士、員工及投資人的幹勁。

同時設定量化目標和質性目標

這裡要再次整理「量化」和「質性」的相關概念。

「量化」是能以數值或數量表達事物的要素，掌握事物時會著眼於數值或數量。

「質性」的意思與量化幾乎相反，是事物當中無法化為數值的要素。掌握事物時會著眼於無法化為數值的部分。

工作當中大多會設定量化目標，不常設定質性目標。

量化目標如下所示：

- 一年增加50間門市
- 銷售額比前期多20%
- 消耗品費用比前期削減5%
- 每個月的加班時間壓低在平均10小時以內

這些各位也都很熟悉吧？

質性目標如下所示：

- 提升顧客滿意度
- 開拓將來可能會成長的新市場
- 提出方案解決團體的課題
- 將總公司遷到○○

前面社群網站帳號範例中的質性目標「追蹤數第一名」，雖然以數量來說是量化，但以狀態來說第一名則是設定成質

性。設定量化和質性這兩種目標之後，達成這個狀態時才會產生行銷上的價值，讓公司能夠積極努力。

制定質性目標的優點有兩個。

第一個是可以藉由制定質性目標，釐清要達到目標還缺什麼。

比如設定「三年後達到銷售額業界第一」的量化目標。同時，只要能對於「當銷售額達到業界第一時，業界或消費者會怎麼看待商品」的問題，設定「消費者會信賴商品」的質性目標，就會發現不只要提升銷售額，還需要措施讓大家知道商品的品質之高，促進口碑。

藉由制定質性目標，就可以想像達成量化目標時的狀態，可以釐清不足的部分是什麼。

第二個則是可以藉由制定質性目標，討論達成目標之後的未來。

比如就算設定量化目標為「銷售額達到業界第一」，但若之後沒有決定「想往哪邊走」，應當邁進的方向仍舊會含糊不清。

換句話說，就因為有個五年後想要達成的狀態，才可以設定出前面兩、三年後的目標，但沒有思考到將來的公司也很多。這時不妨設定和討論幾個可能的情境，假想「設定量化目標之後會有什麼樣的未來」。

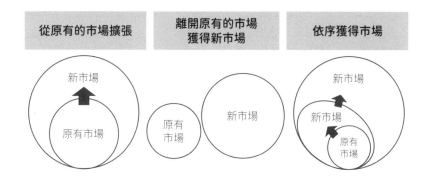

比如眼鏡廠商在眼鏡業界成了市占率第一之後，該擴展到哪個領域就是一件要事。

要取得服裝業界的市場，還是要取得美容業界的市場，兩者就大為不同。

服裝就和一個人掏出錢來的錢包一樣是嗜好品，或許需要安上品牌應有的附加價值。

反觀美容業界則是自卑商品（註：指能夠解決消費者難言之隱的商品，例如消除體味或改善頭髮稀疏等），或許需要開發商品來解決自卑感。

思考未來需要注意的是，一旦建立品牌就難以進軍其他領域。比如品牌獲得服裝市場之後，就有可能難以在美容業界發展。

看準未來之後，「現在該做什麼」、「該設定什麼樣的質性目標」就會有所改變。

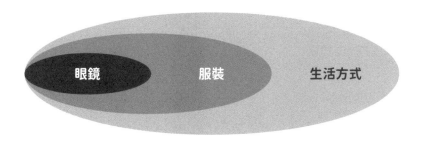

眼鏡　　　　服裝　　　　生活方式

好專案就會有個充滿魅力的目標

相信各位目前為止經歷過會提升和不會提升幹勁的專案。兩者的差異是什麼呢？

提升團隊成員幹勁的「好專案」就會有個充滿魅力的目標。

成長企業的經營階層會設定充滿魅力的目標，告知員工，進而提升幹勁，成為達成目標的推動力。而要讓目標充滿魅力，不只要設定銷售額和其他量化目標，設定「達成之後會處於什麼狀態」、「有什麼樣的社會價值」這些質性目標也不可或缺。

這種觀念不只能用於經營階層／管理階層的工作。對於團隊領導人或一般員工也好，所有的工作或專案也好，都是可以活用的觀念。

我面對自己的客戶時，常會對客戶提議重新設定目標。銷售額或 KPI（Key Performance Indicator，關鍵績效指標）這些量化目標已經存在，所以會提出質性目標。

比如藉由「這份工作具備這樣的『意義』」、「只要這份工作往這個方向前進，社會價值就會高」，讓客戶和我們這些外部合夥人凝聚成一個團隊，推動專案向前邁進。

另外，設定目標對自己也很重要。當你自己設定質性目標之後，就能鼓舞自己持續邁進。

從這個意義上來說，「重新設定目標」是掌握領導能力的必備技能。學到這項技能之後，就可以完成偉大的工作。

—— 練習題（168 ～ 169頁）

試針對你自己的主題或工作，設定以下兩個目標。

· 量化目標
· 質性目標

量化目標不只是自家公司或自己的工作，也要研究能否依照業界標準或社會標準來設定。這時需要調查業界或市場，直到能夠設定為止。調查工作或許艱辛，但在悉心完成之後，目標當中就會產生意義。

質性目標是要思考自己設定的量化目標達成時，你負責的商品／服務「處於什麼樣的狀態」。想一想能否設定出非數值的目標，探討「商品／服務在世上是什麼定位」，像是「是否受到許多人喜愛」、「社會怎麼變化」等。

練習題

主題 「　　　　　　　　　　　　　　　　　　」

量化目標

質性目標

主題 「　　　　　　**會計類的軟體即服務**　　　　　」

量化目標

短期目標

- 1年內讓會員數成長到3倍
- 獲得9成以上的顧客滿意度

中長期目標

- 3年內讓會員數達到業界第一

質性目標

短期目標

- 線下也好線上也好，要激發使用者的優良口碑

中長期目標

- 藉由會計讓工作的人對自己的工作自豪，撥出時間到創造性的工作上

Interview

CyberAgent 行銷總監
西賢吾

─────● **想出可以全面滲透客戶公司的話語**

西先生平常是遵循什麼樣的步驟在思考的呢？

我是站在提供策略的一方，常用的做法是從客戶那邊獲知行銷方向，分享 KGI（Key Goal Indicator，關鍵目標指標）或 KPI（關鍵績效指標）之類的量化目標之後，再從重大的質性目標或任務的角度定義其狀態。

定義狀態是什麼樣的概念？

就是要定義達成 KPI 時，「商品要怎樣深入受眾的心」、「要掌握市場到什麼程度才是最佳狀況」、「客戶的商品在業界當中獲得什麼評價」。通常將這些想法明確地用文字表達出來。

與客戶對話並達到共識後，大致上就會看出關鍵性的課題。像是「這裡完全不夠」或是「非做這件事不可」。要從中拆解要素，劃分需要由媒體和企劃來實現的部分。

當然，有時兩者也必須要混合運用，不過第一步是要針對目標，釐清必須靠企劃突破的障礙。

就是要釐清必須思考的事情呢。定義狀態也有各種型態，你通常會用什麼樣的形式呢？

比如像是「達到愛用者自動發出心聲為止」。

接下來，將必須思考的事情劃分到「企劃」和「媒體」時，要是品牌認知度還不夠，可以藉由媒體來加強。

當然，也有可能藉由企劃超越爭取認知度的情況。然而，也有很多時候不能把這放在第一優先考量。假如把需要保證達成的任務僅僅設定為提升認知度，企劃或創意的幅度將會變得狹隘，企劃的核心也不會冒出來。

因此作為企劃的核心，要徹底探究一次「絕對必須保障達成的事情是什麼」。

比如要在類型市場當中推出社會還不能接受的商品時，原本就必須改革使用者本身的意識。遇到這種時候，就要設想到「既然無法靠媒體實現意識改革，就必須靠企劃實現」。

我十分能夠體會。西先生在職務上遇過很多案例，是連藉由企劃負責和藉由媒體負責的事情都要劃分嗎？

再考慮一下的情況也很多。

我這個人常會從辭彙中獲得靈感，比如遇到「必須執行消費者的意識改革」這句話時，我就會一直使用關鍵字樹狀圖網路版之類的工具。比如不斷用 google 查詢「意識改革」這個詞，使用近義辭典或維基百科專心做辭彙的桌面研究。看看維基百科，雖然相當離題的東西也很多，但在研究的途中也會出現有趣的文章，還會變成自己的知識和小哏。

在查詢「意識改革」時，發現了一個與「管理」相關的主題。將「意識改革」套用在管理的架構後，就會發現「傾聽員工說話」和「需要建立最適合員工的目標」的方向。這種時候就會從以上兩者聯想到溝通的架構。

從近義詞獲得靈感的做法實在值得借鑒。不過，你以策略規劃師的身分擬定策略或傳播概念時，有沒有什麼會留心的事？

策略概念在提案或比稿當中扮演重要的角色，但基本上不會公諸於世。我認為策略概念的重要性，就在於和行銷部門以外的業務部成員溝通時傳播以下概念：「這次要用這個策略進行這樣的活動」。

所以，優秀的目標和策略要確實在客戶的公司內傳播，不只是行銷部，業務部和其他相關部門也能基於這項策略概念展開對外活動。這是讓促銷成功的關鍵。所以撰寫策略概念的影響層面也要強。

我也一樣，進入公司第一年時前輩就對我說：「要思考呈報給客戶公司內的資料怎麼寫。」

就是這樣。傳播策略是為了打動消費者的策略，但同時也要記得打動客戶方的許多人。因此，撰寫打動客戶本身的策略，就是要意識到的原則之一。

還有，既然站在廣告代理商的立場，構思就不能和顧客一樣吧？提案再怎麼新穎，但若客戶沒有考慮採用，就沒有存在的價值吧？所以要確實歸納起承轉合的起承，但在轉的部分則必須要努力。

實在讓人很有共鳴。謝謝你接受採訪。

Profile

西賢吾

CyberAgent 股份公司　廣告事業總部
行銷事業部　WHOWHAT 部　部長

2014 年應畢進入 CyberAgent。曾任業務經理，後來轉當策略規劃師。2020 年起擔任現職。他以大企業客戶為中心，從事以數位為起點的綜合策略籌畫／支援。

第9章

「思考」就是
「兼容」

———— 商務上常發生兩難權衡

「沒錢沒時間不可能成功吧」——這樣的經驗應該任誰都
有過。

高級篇的主題是掌握「提案能力」，需要處理困難的狀況。
其中特別要注意的是「兩難權衡」。

兩難權衡在維基百科當中定義如下：

獲得某樣東西時，會失去另一樣東西，這是一種不兼容關係。
說白了就是有得亦有失，反義詞是「兼容」。兩難權衡的狀況需
要考慮所有具體抉擇的優點和缺點再做決定。

簡單來說，就是指「顧此失彼」的狀況，但在解決兩難權
衡之後，就會擁有提案能力。

兩難權衡的案例

兩難權衡的情況很多，比如以下所示：

· 能夠支配的金錢和在這範圍內必須執行的業務
· 交貨時間和所要求的品質產出
· 現在能用的人手和必須做完的業務量

絕大多數在企業工作或自行創業的人應該都明白這一點，反倒是持續和兩難權衡奮戰的人或許還比較多。

兩難權衡是「顧此失彼」的狀況，一般的解決方案是「排列優先順序再選邊站」。

不過，企劃人員或思考點子的人不會放棄克服這個障礙。這裡會說明解決兩難權衡狀況的方法。

改變比賽項目以解決兩難權衡

處於兩難權衡的狀態時，光是盯著兩難權衡的項目看並無法解決問題（雖然努力設法化解的案例很多）。

這裡就需要意識到「改變比賽項目」，或許也可以說是「改變視角」或「改變場地」。要思考能否迅速改變現在的狀況。

雖然是憑感覺說話，但若以運動來比喻，則沒有必要像足

球換成棒球一樣變化那麼大。頂多從一般足球換成室內足球就好了，有時或許只需改變一項規則也行。

這時需要提升視角。從只能看見眼前的狀況提升視角，俯瞰全局。具體來說，不只是自家部門，也要想一想其他部門；不只是自家公司，也要想一想其他公司。

剛開始或許很難，但為了改變比賽項目，就要強烈意識到「提升視角」和「拓展視角」。

───・ 案例：商用印表機的推廣

這是我從事上一份工作時負責的案件。

當時在研究業務導向印表機的促銷企劃，陷入了兩難的狀況。

該企劃的條件是「希望促進客戶購買中小企業導向的業務用雷射印表機，目標數值是這樣」，但可以使用的廣告費不多，很難拍電視廣告。另外，由於受眾狹窄，所以能夠發揮作用的媒體也有限。這是「金錢」和「成果」的兩難權衡，一般的做法不能達成目標。

我想到的是「與提供免費網站製作服務的企業合作」。

印表機的受眾以中小企業居多，經營階層或管理人員的平均年齡高，雖然想要擁有網站，卻不知道該怎麼架設。同

時中小企業已經擁有印表機，多少有點舊，卻因為還能用，所以也沒想過買新的來換。

因此，我獲得提供免費網站製作服務的企業協助，設計出以下的促銷活動：「只要是購買業務用印表機的公司，就會免費幫忙架設網站。」

通常，這種促銷會實施「抽獎現金回饋」的活動，但這和以往的措施相同，衝擊性不夠。所以就把當時許多中小企業想要的網站，設定成購買商品的誘因。

對於提供免費網站製作服務的企業來説，想要網站的中小企業是前景可期的潛在顧客，「極可能會持續使用，還可能做到向上銷售（Up-selling，指鼓勵消費者購買等級更高的產品或服務）」。由於感受到顧客增加這項好處，所以不只是提供服務，也幫忙宣傳促銷活動。

結果，許多中小企業就認為「既然可以擁有網站，買印表機來換也不錯」，於是就買下來了。

雖然是一則案例，但除此之外還有幾個解決兩難權衡的方法。後面我會介紹常用的方法。

為了解決兩難權衡的三個視角

企業活動當中，不只是企業對顧客的關係，也包含企業間的關係。要解決兩難權衡，不只要掌握自己眼前的變數，

還需要擴展到別的企業或負責人的觀點。

就算你覺得沒必要，也一定有人覺得有必要。思考到那個層次之後，就能發現解決兩難權衡的線索。

我解決兩難權衡時的視角有以下三個：

〈視角①〉思考第三個要素（變數）
〈視角②〉將自己和其他公司的課題合併思考
〈視角③〉找出受眾相同的企業或服務

各位要了解，三個視角不會分別推導出相異的解決方案，頂多只是「找出方法消除兩難權衡的觀點」。

〈視角①〉
思考第三個要素（變數）

第一個視角是針對兩難權衡的兩個要素，添加新的第三個要素。

比如以下情況：

· 假如有「時間」和「品質」這兩個兩難權衡的關係，就思考能否以第三個要素「人員」加以改變

· 假如有「金錢」和「業務量」這兩個兩難權衡的關係，就思考能否以第三個要素「出貨物品」加以改變

要是只掌握兩個要素，視野就會窄化，結果往往會選擇讓人難受的手段。然而，藉由納入第三個要素，就可以改變整體的平衡。

　　比如之前只思考 A 和 B 這兩個要素時，就要想一想「追加要素 C 之後能否改變狀況」。

視角① 思考第三個要素（變數）

　　以前面的印表機範例來說，就是在「金錢」和「成果」這兩個要素的兩難權衡狀態中，添加新的「誘因」要素。

　　通常促銷活動的誘因是「現金回饋」，這裡則改為「網站」，而且還讓提供網站製作服務的企業獲得好處，能在有限的預算內得到最大的效果。

　　商務人士最好要強烈抱持「增加變數」的意識。

　　社會人士隨著自己的職位晉升，自己涉及的領域和必須思考的領域就會逐漸增加。

換句話說，自己正在處理和必須處理的變數會增加。

雖然人們常說「晉升之後就會擁有高人一等的視野」，有時卻難以落實到具體的行動上。這時就要記得想一想以往沒有思考過的變數。

〈視角②〉
將自己和其他公司的課題合併思考

原本工作就不只自家工作在努力，還會和其他各式各樣的公司合作進行，但在必須解決兩難權衡時，不知為何只有自家公司在設法化解。

當然，假如只靠自家公司努力就能解決會比較輕鬆。因為單憑自家公司的判斷就能執行，行動的自由度高。不過，這樣就無法開創新提案，培養提案能力。

各位是不是以為「動員其他公司的人會帶給各方相關人士麻煩」，或是「別人不會為了這種事而打動」呢？

原本自家公司和其他公司的課題相異就理所當然。只要盤點彼此的資產和想法再合作，就能解決兩難權衡。

實際做做看之後，往往對合作公司也有好處，締造雙贏的狀態。尤其是行銷負責人常要尋找新對策，經營者也常在尋找有沒有優良的合作對象。歸納合作的好處再告訴這些人，至少可以談到他們願意考慮的程度。

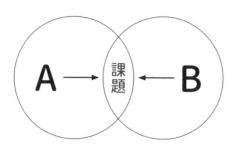

　　以前面的印表機範例來說，兩家公司的課題就是「希望增加印表機」和「希望中小企業的使用者增加，為此希望能開創新的方法貼近受眾」。歸納上述內容之後，就達成合作了。

　　就像這樣，假如覺得「與其他公司合作無法解決兩難權衡」，就以「有沒有具備相同課題的企業」這項視角，尋找合作對象。

〈視角③〉
找出受眾相同的企業或服務

　　難以發現其他公司的課題時，我會建議尋找受眾相同的企業或服務。就算受眾和「中小企業」重疊，也能為實現合作貢獻甚大。

事業內容或商業模式重疊的企業會變成競爭企業，難以合作，但若是「事業內容或商業模式相異，受眾卻重疊」的企業，就有可能合作。

視角③　找出受眾相同的企業或服

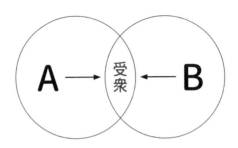

尋找合作對象有訣竅。剛開始要調查自家公司的受眾。

比如啤酒廠商在思考「希望年輕人來喝」。當然，其他啤酒廠商多半也在思考同樣的事情，所以很難和其他啤酒廠商合作。

所以我們來想一想其他產業當中，以「年輕社會人士」為受眾的企業。

比如西裝廠商會怎麼樣呢？最近年輕社會人士穿西裝的機會減少，或許廠商正在思考「希望爭取到更年輕的社會人士客層」。這樣一來，或許就可以跟別的廠商一起推動「穿西裝的人買啤酒可打折」之類的促銷活動。

其他還有和菓子廠商，或許是在思考「希望讓年輕人更

了解和菓子的美味」。既然如此，就會舉辦促銷活動，向年輕人提出啤酒與和菓子的餐酒搭配。巧克力和黑啤酒對味已經人盡皆知，荻餅和白啤酒的組合卻有新意。

像這樣探討受眾重疊的企業或服務要怎麼合作之後，極可能會超越預算或業務量的侷限，找出提升成果的方法。

兩難權衡反而是轉機

工作上往往會被逼到兩難權衡的狀況。

比如「夾在自家公司和其他公司之間，必須調整做法」，或是上司對自己說：「給我達成目標！不過，預算就只有這些。」相信各位也常遇到這種事。

雖然狀況非常艱辛，但若能夠翻轉這種任誰都覺得嚴苛的情勢，就會變成你的成果，有所成長。兩難權衡時反而該抓住機會。

陷入兩難權衡時的特徵，就在於容易認知到「現在自己必須解決兩難權衡的課題」。

任何課題，若沒有先當成課題來認識，就無法著手處理。因此，當一個課題容易被發現時，這其實是一個好機會。

另外，發生兩難權衡的狀況，即使是上司、周圍的人或客戶看來，也會認知到很嚴苛。假如能靠自己的頭腦思考和克服，就可以毫無疑問地當成是你的成果獲得認可。

我在社會打滾的過程中察覺到，幾乎沒有人能在陷入兩難權衡時，想到把其他人或其他公司拉攏過來突破難關。因為一個人通常只會想到自己眼前能夠設法做到的事情。

比方說，對於廚師而言，能做的僅僅是把眼前的食材料理得很好吃，不過在商場上，是由多人／多家公司結成錯綜複雜的關係，搭配借貸、聯盟、交易等方式來解決課題，反而屬於上游工作，也可說是需要解決課題的能力。

因此，能夠有意識地做到這一點，就會成為你的一大強項和實際績效。

兩難權衡的狀況門檻很高，失敗也可說是無可奈何。既然如此，就懷著龐大的實驗精神和企圖心做做看吧。

──• **練習題**（186 ～ 187頁）

試針對你自己的主題，工作上經辦商品／服務的兩難權衡，探討以下三件事。

① 找出造成兩難權衡的兩個要素
② 思考能否納入第三個變數（要素）
③ 思考擁有同樣課題和受眾的企業

要先找出造成兩難權衡的兩個要素或許會很難。這時要設定假想預算和成果，再進行②③。

關於②的新變數，剛開始要調查可能會成為變數的要素。基本上是以行銷4P（Marketing 4P，產品〔Product〕、價格〔Price〕、促銷〔Promotion〕、通路〔Place〕）來思考。

　　比如剛開始設定預算和成果這兩項之後，就研究要不要改變商品、價格和販賣方法。

　　找到與③擁有同樣受眾的企業沒有那麼難。找到之後就想一想能跟那家企業怎樣合作。

主題「   」

找出造成兩難權衡的兩個要素

思考能否納入第三個變數

思考擁有同樣課題和受眾的企業

主題「　　　　　**運用社群網站帳號的服務**　　　　」

找出造成兩難權衡的兩個要素

■「價格」和「品質」

委託其他公司運用Twitter（現更名為X）、Instagram及TikTok的帳號行銷時，雖然想要壓低價格，卻希望能有優秀的品質，於是造成兩難權衡。

思考能否納入第三個變數

■ 納入「內製化（率）」的變數

發案公司將內製化的比例添加到變數當中，探討要內製和外包到什麼程度。具體來說，就是分割運用社群網站帳號的工作項目，決定哪個部分要內製，哪個要外包。

思考擁有同樣課題和受眾的企業

■ 哪些部門或企業擁有的素材能夠用在社群網站上

比如某些部門或企業在運用網站或宣傳工作方面，可能會擁有很多照片素材，這些極有機會可以活用在社群網站上。只要能和這樣的部門或企業合作，就有可能解決兩難權衡。

第**10**章
「思考」就是
「凸顯自我」

——— 創造與自己有關的意義

這一章是本書的結尾。

這裡要談的不是技巧，而是關於態度的話題。目前為止雖然講解過「思考」的技巧，不過「思考」原本就是一種主動的行為。即使在動物當中，這份能力也是人類的長處，沒有充分活用會十分可惜。

各位當中或許也有人「被公司逼著工作而提不起幹勁」。不過，即使在這種狀況下，為了自己「思考工作是否能夠變得更有主動性」也非常重要。

我做上一份工作時經常聽説「嘴上老是説『工作不有趣』的人，就是『沒盡到將自己的工作變有趣的義務』」。將眼前公司交代的工作當成「對自己來說有意義的工作」、「看起來很有趣的工作」，與推動眼前的工作同樣重要。

工作當中，為了專案或客戶著想當然最重要，但要記得藉

由關乎自己的事情，產生更多的附加價值，或是在追求提升自己的成果時，添加「自己的要素」。

思考「自己該做什麼樣的工作」時，可以在思考前劃分成「該做的事情（職責）」、「能做的事情（能力）」及「想做的事情（希望）」這三項要素。

最佳狀態是從事這三項要素重疊處的工作。不過，這或許很難馬上辦到。

假如你還年輕，經驗不夠，就要善加活用「該做的事情（職責）」，進而在增加經驗的同時提供周圍價值。即使只做這件事也是出色的工作，光是獲得薪水就有價值了。

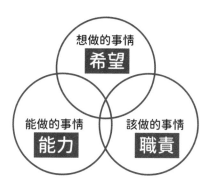

話雖如此，但就算人生工作期在六十歲前後迎來退休也有大約 40 年，將來預計許多人在六十歲以後也會工作，相信工作 50 年以上的人也會增加。

這麼一想就會發現，單憑「能做的事情」和「該做的事情」，既不能持續奮進幾十年，成長也會在某個時間點停止。

　　每個工作都會伴隨某種程度的層次變化，但若添加一成到三成「想做的事情」到工作當中，就會需要吸收新知，或是憑著前所未有的幹勁努力工作，結果就會完成偉大的工作。而這份經驗將會成為實務績效，開啟人生下一階段的門扉。

　　雖然不該太過堅持要在年輕時做自己想做的事情，但若覺得「逐漸熟悉了工作」，就要在工作的同時意識到自己個人「想要為社會提供什麼樣的價值」、「希望將社會改變成什麼樣子」。就算剛開始是為了自己，輾轉多回之後也會對公司組織或社會有所貢獻。

　　擁有自己想做的事情，並將其融入在工作中——我們要意識到這一點。

　　工作上將「自己的要素」添加到「思考」中的理由有以下三點：

①讓自己能夠主動地推進工作
②因為在企劃注入了熱情，所以能推動他人
③需要提升自己的眼界

　　接著要說明為什麼需要添加「自己的要素」，以便讓自己的「思考」有意義，有提案價值。

主動的工作會持續進展

　　各位是否經歷過「發起的專案停滯不前，中途就取消了」呢？

　　或者向客戶負責人提案後反應不錯，但在那之後完全沒有進展，結果就不了了之？

　　我自己有很多這樣的經驗，恐怕有九成以上的專案沒有拿出任何成果，就在途中結束了吧？相較於發起專案，持續進行並達成目標比較困難。

　　專案不順利的理由有好幾個，不過最大的原因在於，與需要投入自己資金的創業家不同，一般公司員工隨時可以放棄。

　　剛開始意氣風發啟動的專案，也常會出了什麼問題而停止，或團隊領導人太忙而無法行動，或是有人橫加干涉而觸礁。

　　另外，假如新專案並非一般的業務，正式投入資金之前沒有要求成果，就算中止也問題不大。

　　創業家投入自己的資金經營時，專案大致上會以公司組織的名義在做，就算沒有成功，個人也幾乎不會受到嚴重的損害。

　　正因如此，我開始做專案時，就會記得融入自己想做的事情。另外，不只是自己，也必須考慮到其他參加者的自我實現需求。因為人就是為了自己著想，才會懷著幹勁參加，最後才會不停推動專案。所以我開創新專案時會重視這種意識的建立。

我做上一份工作時發起過一個專案，是由電通和Goodpatch公司聯手提供一條龍服務，協助客戶開發新活動和品牌管理／傳播企劃。

我從以往個人的經驗中建立以下的假設：「只要同時思考開設新服務及其品牌管理或廣告活動，成功的機率就會提升吧？」

另外，Goodpatch公司也抱持以下的意見：「雖然開發新服務自己也有份，之後的廣告措施卻沒有參與到，關係只到開發就結束了。直到成功之前都不必負責任，這樣不好。」

兩家公司的課題一拍即合，攜手合作，開設服務後就馬上有人洽詢案件或確定要付諸實行，讓人實際感受到「果然還是要有明確的課題，事情才會進行下去啊」。

人會追隨認真和熱情

相信曾經收到其他公司或部屬等人提案的人就會懂，要是聽到提案者本人都沒有自信，就不會覺得「想把工作交給這個人」。不僅如此，甚至還會覺得「沒有自信就不要提案了」。

當然，企劃或專案的邏輯也非常重要，但負責人的熱情更重要。收到提案的人就算腦子沒有意識到，也多半會以提案當事人的幹勁和熱情來判斷。

因為這樣，所以我身為廣告代理商的規劃師，常會記得懷著自信提案。為了懷著自信提案，就需要深思提案內容，深思後會帶來自信，最後這份自信和提案就會獲得客戶器重。

　　反過來說，要是內心深處覺得「有點沒自信」，有時就會真的不順利，要事先避免這種情況。

　　那麼，該怎麼將認真和熱情集中起來呢？

　　那就是加上「自己想做的事情」。沒有必要加上所有的要素，哪怕只有1％也好。不過，就算是「想做的事情」，也不見得要加上「自己的興趣」。

　　只要是「自己想要嘗試新東西」，或是「這次想跟這個人共事」的程度就好了。像這樣把它變成「自己的工作」，對於工作的熱情就會提升，傳達給其他人 —— 結果，團隊成員也會跟隨自己，熱情也會傳達給收到提案的客戶。

　　我過去懷著非凡的熱情努力在做的工作，是在某個手機遊戲完成時廣告代理商的比稿。預算是20億日圓，共有四家綜合代理商參加競爭。預算20億日圓的比稿並不多見，當時我又是團隊領導，工作得特別拚命。

　　這個案件的特別之處，就在於客戶要求「希望這款遊戲能在男高中生之間流行」。

　　當然，我的周圍沒有什麼男高中生。另外，就算詢問一般調查公司的調查團，也無法聽取男高中生的意見。

於是我就找自己認識的門路，透過舞蹈教室聽取20個高中或大學附中的高中生，再根據聽取結果，懷著自信思考可供提案的策略。

當時我聽取了20個人的意見，讓自己獲得極大的信心。就因為原本客戶也很不安，所以才要以比稿的形式，尋找一起解決課題的夥伴。既然如此，想要選擇懷有自信的企業也是人之常情。

開始需要提升自己的眼界

你想要添加到工作中的要素是什麼？

當然，剛開始會覺得「想要跟某人共事」、「想要獲得新經驗」。不過，最終想要添加的則是「自己想要怎麼改變世間」。希望各位思考「要怎麼透過企業活動實現理想的世間／社會」。

大多數企業會提供某些社會價值，你工作的公司也一樣。所以也不妨從你公司提供的社會價值當中，尋找自己可以贊同的事情，再決定「自己想要添加到工作中的要素」。

偉大的工作需要獲得許多人的贊同。因此在試圖添加自己的要素時，就必須將眼界提高到「希望怎麼改變世間」、「該怎麼改變」。

所以，你必須要閱讀不同於以往的書，跟思考方式不同的人對話，進而讓你自己學到廣義上的學識素養，比現在更了解世界。

為了添加自己的要素，就要提升自己的眼界。因此要學得更多，經驗得更多──我們要意識到這樣的循環。

學習世間事的重要性

年輕時，學習眼前的業務是邁向成果的捷徑。但在累積經驗，職位晉升後，工作的範圍就不只是自己的眼前，還會擴展到整個部門和整家公司。工作成果愈提升，就愈需要提升眼界，所以就需要廣博的學識。同樣的，「思考」也從眼前的工作擴展到整個社會，這是理想的變化。

「社會正在發生什麼樣的變化？」、「世間的什麼地方有課題？」掌握這些資訊，就會改變處理工作的方法。

這裡要談談我學習的小故事。

這是我和一位經營者聊天時的事情，對方的企業在擴展人才類服務。

我常會調查現在的競爭對手或受眾／使用者，當時說出的想法也是從這樣的觀點出法。結果，經營者卻談論歷史背景和趨勢，說：「從以前到現在，日本招募應屆畢業生的情

況到底是怎麼變化的呢」、「轉職市場是怎麼變化的呢」，以及「現在正處於變化的過程，你感受到什麼課題了嗎」。

這番話本身就很新鮮，同時讓我強烈意識到「跟經營者說話時必須連業界的歷史都要掌握」。

從那之後，我在跟經營階層的人工作時，就會特別掌握長期每件事的先後順序。

練習題（198 ～ 199頁）

試針對你自己的主題和工作，從三個觀點探討「自己想做的事情」。

① 個人想做的事情
② 想對業界做的事情
③ 想對社會做的事情

①「個人想做的事情」很容易思考對吧。

比如「想要參與地方事務」、「想要見知名人士」，以及其他極為個人的事情都沒有關係。

②「想對業界做的事情」是平常對於業界感到疑惑的地方，比如業界的商業習慣或勞動環境等。

③「想對社會做的事情」不管從國內規模或地球規模來思考都可以，但非常難。

因為要是沒有對社會或世界了解到某種程度，沒有對某些問題感興趣，就不會出現「想做的事情」。

　　然而，能對社會提供價值的工作不只對自己，對共事的人也有意義。或許剛開始很難，但我們要把這份工作當成機緣。

個人想做的事情

想對業界做的事情

想對社會做的事情

個人想做的事情

- 達成自身所屬公司的銷售額
- 重視相關人員的成長
- 自己從事創意人會做的工作
- 出版書籍
- 在大學擔任講師

想對業界做的事情

- 提升效率加速制定廣告促銷、行銷及品牌管理等策略
- 推廣嶄新的行銷模式和觀念

想對社會做的事情

- 支援其他人實現願望，哪怕多一個人也好（本書籍的目的）
- 藉由支援新創企業，為輔助日本新興產業和提升GDP（Gross Domestic Product，國內生產毛額）有所貢獻

Interview

（つづく）創意總監
東畑幸多

———· 匯集讓自己心動的回憶

東畑先生會怎麼教年輕人學習的方法呢？

基本上多半會要對方寫文案，再要他邊看文案邊傳達廣告的構想。商品也好，服務也好，從各種切入點思考「這好在哪裡」，正是文案的基本觀念。

「這項商品的優點或許是這樣」，從各種觀點思考這件事，從各方人士的立場思考這件事，與各個潛在需求對照，是撰寫文案的基本動作。

看到優秀的內容或廣告時，説是心中會同時出現「！和♥」，但要先從心（情感）出發好好思考，這是廣告最重要的基礎。因此，思考商品的優點、品牌特質，或是「這項服務能像這樣與人建立關係」的潛在需求，並考慮如何激起情感共鳴，這些都是基礎技巧。

發掘出產品的情感共鳴點，並不是直接陳述產品的功能對吧。

雖然剛開始詢問客戶時是以潛在需求為中心，但要不要直接使用，處理的方式會依課題設定而變。

愈向企業廣告靠攏就愈會發現，比起從潛在需求得到的話語，從企業擁有的歷史、企業的態度，以及現在社會蘊含的氣氛誘發的話語，來考量時代與品牌的交集。
另一方面，愈是促銷類型的廣告，就愈會充分活用顧客潛在需求的真實心聲。

雖然總是想要找到時代和品牌的連結點，但還真難。

說穿了，對於時代的潛在需求，我覺得最終還是回歸到個人的想法。每天的生活中，總有一些在心裡留下深刻印象的話語，或是覺得「這個讓我感觸良多」的想法。我們所做的，或許就是將這些匯集起來，然後在需要時提取運用。

具體來說該怎麼做才能輕鬆解決呢？

假如突然要在自己的腦中思考點子，結果多半會很無趣。所以我會對工作人員說「這不是企劃，而是匯集回憶」。

比如從事天然水的工作時，就會在秉持天然水這個主題的前提下，匯集最近令人感動的事情，喜歡的東西，或許和天然水完全沒有關係，卻留下印象的小插曲——當中似乎會蘊含某種潛在需求。

反過來說，即使是使用者或粉絲對於商品的意見，也要匯集「自己心中留下深刻印象」或「感觸良多」的東西，這種調查相當重要。

「匯集回憶」這個方法還真好用呢！

思考「♥」的時候會從商品的魅力出發，認真構思該如何製造關聯，但雖說關聯成功建立起來，卻會變成單向傳播，很難引起話題。

所以「！＝驚奇」就很重要了。

讓人驚奇和感動也不賴，讓人覺得有趣也不賴，這時「感動的記憶」會變得非常重要。讓人感動或覺得有趣的靈感，往往就存在於自己覺得有趣或感動的事情當中。我認為這是最短的途徑。

我最想傳達的是，無論是覺得有趣、開心、心跳加速或是感動落淚的時刻，累積自己心動的回憶瞬間，增加這些庫存之後，就會成為企劃構思時的武器。這不僅適用於廣告，在構思產品或服務時也是如此。這些的庫存量是否很多，可能就是業餘和專業的差距吧。雖然很多人知道一堆案例，但養成習慣分析「為什麼這則案例感動了我」，或許在提升企劃能力上會很重要吧。

你在教導年輕人時會注意什麼？

我這個人不太會以淺顯易懂的方式表達。困難的事情直接明確告知很困難才是教育。

現在我正著迷於一個 Podcast 頻道，叫做「有趣學歷史的 COTEN RADIO」。有一集介紹了海倫・凱勒（Helen Keller）的一則知名小故事。她出生時眼睛看不見，耳朵聽不到，就連語言都不懂。有一次接觸到井邊的水時，才知道「Water」這個詞。雖然周圍的大人試著在對話時將簡單的辭彙寫在海倫・凱勒的手掌上，但沙利文（Anne Sullivan）老師卻說不能這樣。「寫出來的東西必須要像大人說話一樣才行」。就因為有這樣的教育，海倫・凱勒才能就讀哈佛大學。

「好難」、「不懂」也是重要的資訊，所以我覺得困難的事情也不妨直接說困難。

真是受益良多，謝謝你接受採訪。

Profile
東畑幸多
（つづく）創意總監 / 廣告規劃師

1999年進入電通。以廣告規劃師的身分製作許多電視廣告，又以創意總監的身分，負責企業品牌管理和綜合促銷活動的整體設計。他以「浪漫和算盤」為宗旨，致力於設計粉絲和品牌之間的幸福關係。2009年獲選為年度創意人。曾任電通高階創意總監，2021年離開。2022年創辦 Creative Director Collective（つづく）。

後記

────● ## 「講得淺顯易懂」是個人優勢

我十五年來在廣告業界以策略規劃師的身分，簡報關於傳播策略和品牌策略的「想法」。

換句話說，我一直在從事「思考」的工作，沒有在社會上拋頭露面，與電視廣告不同。

職業生涯當中，每逢客戶給我評語時，一定會說「筧先生講得淺顯易懂」。

我那些在公司當負責人的客戶當中，也有很多人並非行銷或傳播的專家。向外界尋求見解的就是這樣的人。

隨著「淺顯易懂」的評語增加，我開始覺得自己擅於以淺顯易懂的方式表達「想法」。

但在社會上，也有很多人不擅於以淺顯易懂的方式表達想法。相較於擅長的人，不擅長的人遠遠是多數。

這就是我想寫這本書的理由。

「人是會思考的蘆葦」這句話

撰寫以「思考」為主題的書籍時，我第一個想到的是布萊茲・帕斯卡（Blaise Pascal）的名言：「人是會思考的蘆葦。」

查詢之後會發現，帕斯卡在自己的著作當中陳述如下：

「人類在自然當中就像蘆葦一樣柔弱。然而，人類懂得動腦思考。思考正是上天賦予人類的偉大力量。」
出處：「本週的朝會　那樣的話題　這樣的話題」
https://www.nohkai.ne.jp/tyorei/?p=2951

就因為柔弱，思考才有力量。所以必須要主動培養思考的能力。

當然，讀書應試之類的學習也很重要，像顧問一樣運用數值思考的能力也很重要，不過除此之外，思考概念的力量也很重要。這種思考能力比邏輯思考的門檻低，能夠用在眼前的工作上。我認為許多商務人士要先掌握這項能力。

喜歡上「思考」就會更喜歡工作

我喜歡工作。當然，以往經歷過許多辛酸，也好幾次覺得「這不適合我」。

即使如此，我也沒有模仿別人，而是將自行思考的結果告訴別人，獲得別人的正面評價就非常開心，能夠充分感受到自己是社會的一員。

當然，工作不是人生的全部。然而，努力工作的時間在整個人生中占了不少的比例，這也是事實。能夠享受工作時光是讓人生充實的關鍵。

而在享受工作時，與其聽別人的話做事，不如做自己思考過的事。

靠自己做自己思考過的事，靠團隊做自己思考過的事，靠公司做自己思考過的事——思考能力是享受工作不可或缺的要素。

「思考技能」是人生的武器

「思考技能」是享受人生的技巧。

不只是工作，私事也會用到思考技能。家人之間的溝通也好，與朋友的交誼活動也好，里民大會的計劃也好，照理

說各個場合都有思考的餘地。任誰應該都能靠自己思考再表達出來，改變周遭。

將自行思考的結果告訴周遭的人、公司的人及社會上的人是件開心事，假如更多人明白這一點，社會應該會變得更美好。

雖然單憑這本書不能掌握「思考」的一切，但若可以盡到棉薄之力，則是我的榮幸。

—— 結語

值逢本書執筆之際，曾經提供協助的真鍋亮平先生、東畑幸多先生、見市沖先生、杉浦充先生、西賢吾先生、川嶋麻友小姐，實在很謝謝你們。

2023 年 2 月　筧將英

筧將英

策略規劃師／創意策略師。

1983年生於愛知縣，畢業於名古屋大學工學院、名古屋大學情報科學研究所。

2008年進入電通股份公司，擔任過策略規劃和資料行銷的職位。以籌畫大客戶和新創企業的行銷策略和傳播策略為主，從促銷設計、企劃到實施均一手主導。

2021年策略性創辦「Base Strategy 股份公司」，擔任代表董事。同時擔任廣告和演藝複合經紀公司 FOR YOU 股份公司的執行董事兼市場長，No.9 股份公司的獨立董事。

主要工作為 CAMPFIRE 股份公司「新電視廣告傳播策略制定」、LegalOn Technologies 股份公司「電視廣告傳播策略制定」、openwork 股份公司「變更公司名／傳播策略制定」、Money Forward 股份公司「傳播策略制定」、多玩國股份公司「niconico 動畫社群網站策略顧問」等。

Twitter　https://twitter.com/kakehi_
Facebook　https://www.facebook.com/masahide.kakehi/
Base Strategy 股份公司　https://andstrategy.co.jp/index.html
FOR YOU 股份公司　https://foru.co.jp/

思考力變現

3 步驟 ×4 圖表 ×10 技巧，

日本電通行銷大師教你將想法轉為戰鬥力，
行銷管理、創業者必讀聖經

作者 筧將英
譯者 李友君
主編 蔡嘉棒
責任編輯 秦怡如
封面設計 徐薇涵 Libao Shiu
內頁美術設計 羅光宇

發行人 何飛鵬
PCH集團生活旅遊事業總經理暨社長 李淑霞
總編輯 汪雨菁
行銷企畫經理 呂妙君
行銷企劃主任 許立心

出版公司
墨刻出版股份有限公司
地址：115台北市南港區昆陽街16號7樓
電話：886-2-2500-7008／傳真：886-2-2500-7796
E-mail：mook_service@hmg.com.tw

發行公司
英屬蓋曼群島商家庭傳媒股份有限公司城邦分公司
城邦讀書花園：www.cite.com.tw
劃撥：19863813／戶名：書虫股份有限公司
香港發行城邦 (香港) 出版集團有限公司
地址：香港九龍土瓜灣土瓜灣道86號順聯工業大廈6樓A室
電話：852-2508-6231／傳真：852-2578-9337／E-mail：hkcite@biznetvigator.com
城邦 (馬新) 出版集團 Cite (M) Sdn Bhd
地址：41, Jalan Radin Anum, Bandar Baru Sri Petaling, 57000 Kuala Lumpur, Malaysia.
電話：(603)90563833／傳真：(603)90576622／E-mail：services@cite.my

製版・印刷 漾格科技股份有限公司
ISBN 978-626-398-162-1・978-626-398-161-4 (EPUB)
城邦書號 KJ2110 **初版** 2025年2月
定價 420元
MOOK官網 www.mook.com.tw
Facebook粉絲團
MOOK墨刻出版 www.facebook.com/travelmook

Original Japanese title: 'KANGAERU SKILL' WO BUKI NI SURU
Copyright © Masahide Kakehi 2023
Original Japanese edition published by Forest Publishing Co., Ltd.
Traditional Chinese translation rights arranged with Forest Publishing Co., Ltd.
through The English Agency (Japan) Ltd. and AMANN CO., LTD.

國家圖書館出版品預行編目資料

思考力變現：3步驟x4圖表x10技巧,日本電通行銷大師教你將想法轉為戰
鬥力,行銷管理、創業者必讀聖經 / 筧將英作；李友君譯. -- 初版. -- 臺北
市：墨刻出版股份有限公司出版：英屬蓋曼群島商家庭傳媒股份有限公司
城邦分公司發行, 2025.02
216面；14.8×21公分. -- (SASUGAS；KJ2110)
譯自：「考えるスキル」を武器にする
ISBN 978-626-398-162-1(平裝)
1.CST: 思考 2.CST: 思維方法
176.4   113019894